玄鸟文丛

王子今 主编

雪地走橐驼

朝戈金 著

中州古籍出版社
·郑州·

图书在版编目(CIP)数据

雪地走橐驼 / 朝戈金著 .—郑州：中州古籍出版社，2024.10
（玄鸟文丛）
ISBN 978-7-5738-1197-4

Ⅰ.①雪… Ⅱ.①朝… Ⅲ.①民俗学-中国-文集
Ⅳ.①K892-53

中国国家版本馆CIP数据核字（2023）第257330号

XUEDI ZOU TUOTUO
雪地走橐驼

出 版 人	许绍山
策划编辑	郑　雄　闵世勇
责任编辑	李瑞瑞
责任校对	周　靖
装帧设计	曾晶晶

出 版 社	中州古籍出版社（地址：郑州市郑东新区祥盛街27号6层 邮编：450016　电话：0371-65788693）
发行单位	河南省新华书店发行集团有限公司
承印单位	河南印之星印务有限公司
开　　本	787 mm × 1092 mm　1/32
印　　张	10.625
字　　数	200千字
版　　次	2024年10月第1版
印　　次	2024年10月第1次印刷
定　　价	45.00元

本书如有印装质量问题，请联系出版社调换。

总序

"玄鸟文丛"收入王仁湘《月西日东》、吕宗力《诸神在人间》、王子今《沧海大风》、陈文豪《庸儒斋随笔》、汤惠生《思想的形状》、李华瑞《平坡遵道续集》、朝戈金《雪地走橐驼》共7种随笔集。

"玄鸟文丛"的这几位作者都是考古学、中国史、民俗学、文学等学术领域学有优长,做出过一些学术贡献的学人。大多声名响亮,是名震一方甚至享誉海内外的学术领袖。但是这组作品的基本品质和主要内容,并不是非常严肃的学术论说,其学思往往溢于专业框架之外,因而多有自然、生动、新鲜的气息。但是所有的文字,又都是作者在自己学业基础之上的精心创作,往往在轻松的风格后面,透现出雄厚的学理基底。通过从容的叙说,读者应当也可以体会到深沉的思想脉动。

"玄鸟文丛"定名,由自中州古籍出版社出版人的建议。在上古神话传说中,"玄鸟"是沟通天与地,联系自然与人文的飞动的精灵。据说少皞部族联盟"纪于鸟,为鸟师而鸟名"。"玄鸟氏,司分者也。"执掌着最重要的春秋季节转换。(杜预《春秋经传集解》:"玄鸟,燕也。以春分来,秋分去。")《诗·商颂·玄鸟》说:"天命玄鸟,降而生商,宅殷土芒芒。"《史记》卷一三《三代世表》曰:"诗人美而颂之曰'殷社芒芒,天命玄鸟,降而生商'。"《焦氏易林》卷九《晋·剥》言:"天命玄鸟,下生大商。"其说由来于商人先祖"契"的生母简狄吞玄鸟卵怀孕的传说。《史记》卷三《殷本纪》说:"三人行浴,见玄鸟堕其卵,简狄取吞之,因孕生契。"司马贞《索隐》引谯周云:"(契)其母娀氏女,与宗妇三人浴于川，玄鸟遗卵，简狄吞之。"裴骃《集解》："《礼纬》曰：'祖以玄鸟生子也。'"而《史记》卷五《秦本纪》记载，另一影响历史走向的族群有关先祖的神话中，也有"玄鸟生子"情节："女修织，玄鸟陨卵，女修吞之，生子大业。"神秘的生命接续神话，将社会文明与"玄鸟"的轻羽联系起来，借助神翼实现腾飞。王褒《九怀·蓄英》言："玄鸟兮辞归，飞翔兮灵丘。"王逸注："悲鸣神山，奋羽翼也。"[1] 汉人的"玄鸟"咏叹，似乎表达了特殊的文化感觉。"玄鸟"的飞翔与鸣叫，可能是丛书设计者的初衷。

近年"随笔"受到书界关注，"随笔"作为文体，其实有悠久的传统。放宽眼界来看，古来学者的许多"笔记""札记"，与今人所称"随笔"多有共性。近代思想家鲁迅的许多杂文，大略也可以归入通常所谓"随笔"一类。不过鲁迅似不用"随笔"之称。他的一些文章题名"随感录"，关心"随笔"文体史的学者，也许应当有所注意。鲁迅有作于1918年的《随感录二十五》《随感录三十三》《随感录三十五

---

[1]〔宋〕洪兴祖：《楚辞补注》，北京：中华书局，1983年，第275页。

至三十八》，作于1919年的《随感录三十九至四十三》《随感录四十六至四十九》《随感录五十三至五十四》，以及《随感录五十六至五十九》《随感录六十一至六十六》，都编在《热风》中，收入《鲁迅全集》第1卷。另有《随感录》《随感录二十五》，收入《鲁迅全集》第8卷。据注释，收入第1卷者"据手稿编入，当作于1918年4月至1919年4月间"，收入第8卷者"最初发表于1919年4月30日《每周评论》第十五号'随感录'栏。原无标题，每则文后均署庚言"。[1]鲁迅的《随感录》，有的有标题，多数则只有标号。鲁迅题《随感录》的文章，其中多有现今人常称为"金句"者，许多言辞透露出历史的真知。比如："不满是向上的车轮，能够载着不自满的人类，向人道前进。""多有不自满的人的种族，永远前进，永远有希望。""多有只知责人不知反省的人的种族，祸哉祸哉！"[2]

---

[1] 鲁迅：《鲁迅全集》第8卷，北京：人民文学出版社，2005年，第106—107页。
[2] 鲁迅：《鲁迅全集》第1卷，北京：人民文学出版社，2005年，第376页。

对于我稍微熟悉一些的秦汉史,这样的议论不妨在这里引录:"古时候,秦始皇帝很阔气,刘邦和项羽都看见了;邦说,'嗟乎!大丈夫当如此也!'羽说,'彼可取而代也!'羽要'取'什么呢?便是取邦所说的'如此'。'如此'的程度,虽有不同,可是谁也想取;被取的是'彼',取的是'丈夫'。所有'彼'与'丈夫'的心中,便都是这'圣武'的产生所,受纳所。"鲁迅说,"如此"以及"如此"之后,有三个层次的"算最高理想的表现":1."纯粹兽性方面的欲望的满足——威福,子女,玉帛";2. 面对"死",于是"求神仙";3."造坟,来保存死尸,想用自己的尸体,永远占据着一块地面"。鲁迅三次用同样的语句强调:"我怕现在的人,也还被这理想支配着。"他还写道:"现在的外来思想,无论如何,总不免有些自由平等的气息,互助共存的气息,在我们这单有'我',单想'取彼',单要由我喝尽了一切空间时间的酒的思想界上,实没有插足的余地。"鲁迅所说的"现在"和我们今天面对的"现在",已经相差104年。但是我们知道,他指出的"纯粹兽性方面的欲望的满足"以及其他层次的"理想",依然"支配着""很阔气"

的"现在的人"。

在言及"秦始皇帝很阔气"之说的前面一段话,鲁迅论"圣武",也可以给我们有意义的启示。他写道:"几位读者怕要生气,说:'中国时常有将性命去殉他主义的人,中华民国以来,也因为主义上死了多少烈士,你何以一笔抹杀?吓!'这话也是真的。我们从旧的外来思想说罢,六朝的确有许多焚身的和尚,唐朝也有过砍下臂膊布施无赖的和尚;从新的说罢,自然也有过几个人的。然而与中国历史,仍不相干。因为历史结帐,不能像数学一般精密,写下许多小数,却只能学粗人算帐的四舍五入法门,记一笔整数。"他说:"中国历史的整数里面,实在没有什么思想主义在内。这整数只是两种物质,——是刀与火……""'刀与火'也触目,我们也可以别想花样,奉献一个谥法,称作'圣武',便好看了。"[1]

鲁迅熟悉"中国历史",尤其善于进行历史的透视,历史的总结,历史的理解和说明,也就是"历史结帐"。他的许多历史分析,是专门的史学工作者的榜样。

---

[1] 鲁迅:《鲁迅全集》第1卷,北京:人民文学出版社,2005年,第371—373页。

"玄鸟文丛"的作者们，应当都是赞同鲁迅的意见，也愿意探知和说明"中国历史的整数"的。"玄鸟文丛"中的文字，有些可以体现这样的努力。

匆匆以此短序回复出版社的要求，言略意长，但是没有经过深沉思考，希望不至于对不起这套"玄鸟文丛"，不至于辱没了其他6位好友。

承中州古籍出版社认真编校、正式推出，谨此代表作者表示感谢。至于读者是怎样的态度，是表扬赞许还是冷漠视之，或者批评鄙视，当然要待发行之后再注意倾听。

王子今

2024年10月于北京

自序

这个随笔集子是王子今学兄按照中州古籍出版社的规划出面组稿的。书名用《雪地走橐驼》有几个意思:第一,我是蒙古族,根子在内蒙古,骆驼在这里是作为家乡的符号来用的。第二,1977年底我参加国家恢复高考制度后的第一次全国高考,当时内蒙古锡林郭勒盟大面积雪灾,车辆不能通行,我是骑骆驼赶去锡盟正镶白旗参加考试的。是骆驼驮着我迈过了这个重要的关坎,我此后的人生轨辙就因为这次高考而不同。我插队当知青时期的唯一一张照片,就是这次骑骆驼赶考时当地旗里干部拍摄的。第三,在草原骑马时有过数次坠马,但没有惊险故事。骑骆驼则有过几次一生难忘的经历。在我心里,骆驼总是和一些难忘的人和事联系在一起。

有沙漠和丘陵的地方才有骆驼。在生物进化链条上骆驼是高度专化了的动物,特别耐饥渴,能跋涉。假如我记得不错,全世界只有两种骆驼,阿拉伯的单峰驼和蒙古高原的双峰驼。长相呆萌的南美驼羊算是骆驼的一支近亲。

在牧区生活中,尤其是在白雪皑皑的冬季荒原上,身边有一峰骆驼,生命就有了保障。在冰天雪地、寒风刺骨的野外,蜷缩在驼峰之间才能感觉到一点暖意。在漫漫长旅中,不徐不疾稳健行走的骆驼才能让你踏实和安心。

这里的文字大多发表过,少数经过改写和增补。它们大致分为几个部分:亲友回忆、文史杂说、史诗内外、"非遗"絮语。

我的几位学生参与了搜罗编排这些散碎文字并校对校样

的任务。这本小书能以如此面貌示人,他们也有功劳。

朝戈金

2022 年 4 月 4 日

目录

亲友回忆

我的父亲巴·布林贝赫（1928—2009）——— 003

追忆我的姨父亦邻真（1931—1999）——— 013

钟老的史诗情怀——— 022

我所认识的郝苏民巴克西——— 026

领军人物在学科建设中的作用——— 030

西德突厥学者卡尔·赖歇尔简介——— 035

远行的故事歌手：怀念弗里——— 039

洛德和他的《故事的歌手》——— 049

哭虎彬——— 054

文史杂说

民俗传统与都市生活 —— 063

苍狼与白鹿的子孙 —— 074

乌兰乌德散记 —— 079

蒙古人的猎兔 —— 085

蒙古族文化生态保护断想 —— 090

《卫拉特法典》小议 —— 101

《浩·巴岱文集》序言 —— 105

《情深不寂寞》序言 —— 112

巴义尔《游牧精神》摄影集序言 —— 116

立足学理探索　心系现实问题

　　——评《内蒙古区域游牧文化的变迁》—— 118

站在学理思考的最前沿

　　——读资华筠《舞蹈生态学》—— 125

老舍关于宗教的佚文 —— 134

老舍《内蒙风光》赏析 —— 141

老舍《春来忆广州》赏析 —— 147

生命的一种图式

　　——张承志《金牧场》结构的意蕴————150

史诗内外

力行而不惑

　　——写在《中国社会科学院民族文学研究所建所40周年纪念文集》出版之际————163

如何看待少数民族文学的价值————170

民俗学学科建设的"少数民族"维度————178

口头传统：人文学术新领地————185

作为文化文本的口头传统————191

蒙古族史诗《江格尔》————203

"寻踪江格尔故乡"系列丛书序言————209

史诗《江格尔》田野随笔————212

朝向未来　面向大众

　　——古老常新的《格萨（斯）尔》史诗传统————221

传唱千年　泽被后世

　　——《格萨（斯）尔》工作的几点体会————229

传唱千年的《格萨(斯)尔》———233

《亚鲁王》:"复合型史诗"的鲜活案例———241

《彝族"支嘎阿鲁"史诗研究》谫议———249

《西方神话学读本》序言———252

第三届国际民俗学会暑期研修班简介
　　——兼谈国外史诗理论———258

"非遗"絮语

机器人可以写诗但永远不能取代荷马和普希金———275

CIPSH 与《第欧根尼》———280

保护文化遗产　守护精神家园———286

"文化因子"保护与"文化基地"建设———291

新时代的"非遗"新业态———295

从三个故事看文化遗产保护与"民心相通"———302

从招财猫传统到借势宠物消费———316

亲友回忆

我的父亲巴·布林贝赫（1928—2009）

我父亲巴·布林贝赫1928年（龙年）春天出生在内蒙古昭乌达盟（今赤峰市）巴林右旗巴音塔拉草原上。昭乌达是"百柳"之意，诗人席慕蓉说这个地名非常有诗意，她说得很对。我爷爷巴达玛宁布是普通牧民，奶奶哈斯花是远近闻名的歌手。那个时代并没有郑重记录孩子出生日期的习惯。我父亲出生时，根据当地父子连名制的传统，他的名字前加了他父亲名字的第一个音"巴"。听我父亲讲，那个时代生活很艰辛，在我父亲之前生的孩子夭折了，我父亲就成了家里的掌上明珠，很受宠爱。1930年班禅大喇嘛来到巴林右旗大板的荟福寺，对信奉佛教的当地民众来讲，这可是天大的事情。我爷爷也抱着出生不久的父亲赶去寺庙请求赐福。据说我爷爷终于挤到前面，请班禅大师给我父亲摩顶，同时请大师赐名。班禅大师当即赐名"群培"，我爷爷听成"全白"，这个名字就用了十几年，直到当地一位文书，也是我父亲的启蒙语文老师纳顺乌力吉帮他起了布林贝赫这个名字。后来我问过藏族学者，才知道群培是藏族中常见的名字，意思是弘扬佛法。我叔叔的名字道尔吉也来自藏语，意思是佛教"金刚"。这一家的两个男孩子，叔叔道尔吉后来一直在老家当牧民，我父亲青年时就远走他乡，后来成了名人。乡间一直有传言，说这都因为当初有幸得到班禅大师的摩顶，才发达的。

我父亲后来进入解放军部队，从事文字编辑工作。1958年转业到内蒙古大学蒙古语言文学专业当教师。他从20世纪50年代初正式发表诗作，成为内蒙古乃至全国有影响的诗人。《中国大百科全书》（第一版）中国文学卷中现当代蒙古族作家共收入四人，他们是小说家玛拉沁夫和敖德斯尔，诗人纳·赛音朝克图和巴·布林贝赫。在《中国大百科全书》（第二版）中"巴·布林贝赫"词条是这样写的：

巴·布林贝赫。中国蒙古族诗人，学者。生于内蒙古赤峰巴林右旗。1949—1958年在中国人民解放军内蒙古部队从事文化教育、编辑、翻译工作。曾在冀察热辽联合大学鲁迅文学艺术院和内蒙古大学文艺研究班学习。1958年3月起在内蒙古大学蒙古语系任教，现为教授。曾任第四届中华青年联合会副主席，全国政协第五、六届委员，第四届中国作家协会理事。主要用蒙古文创作诗歌，从20世纪50年代初开始发表作品，先后出版《你好！春天》《黄金季节》《生命的礼花》《凤凰》《巴·布林贝赫诗选》等15部蒙古文、汉文诗集。他的诗作继承蒙古族诗歌的优秀传统，又有很大拓展和创新，被认为既有英雄史诗的粗犷和气势，又有抒情民歌的温婉和隽永，同时表现出强烈的时代精神。在诗学和文学研究领域有多种学术著作面世，2003年蒙古文《巴·布林贝赫文集》（四卷）出版。诗作与学术著作多次获得全国和地区性奖项。有诗作入选学校教材，也有一些诗歌被译为英、日、朝鲜和世界语，在海外产生了一定影响。

他晚年时曾自撰一篇《自述》[1]。在《自述》中他是这样写的：

> 我的诗，像一棵牧草，是粗朴的，土生土长的。
>
> 我本人，一个牧民的儿子，是单纯的，土生土长的。
>
> 头顶蓝天，脚踏青草，眼望稀疏的羊群，放迹水光山色之间——这就是我的童年。
>
> 我的故乡是个水草肥美的草原。她有粗犷的山丘，清冽的河水和茂盛的牧草。不知为什么，那时每当我看到雨前的天空和雪后的山峰，牧场上的彩霞和沙漠中的蜃楼，南往的行云和北去的鸿雁，心灵便感到朦胧神秘的激动。这些大自然雄奇、壮阔的景色，常常唤起我烂漫的幻想。我对大自然难以忘却的迷恋之情和清新朴实的美感便隐约地萌生了。
>
> 有这样一句蒙古族谚语：

---

[1] 原载于《中国作家自述》，上海教育出版社，1998年。

生我的土地是黄金，

我饮的泉水是甘霖。

我的家乡，在我的心目中，正是这样的美好。印度大诗人泰戈尔说过："艺术家是自然的情人。"大自然或许是游牧民族的情人吧！

那时，自然界的美丽景象和社会上的丑恶现象，在我单纯的心灵上留下了不和谐的印记。

一九二八年我出生在昭乌达盟巴林右旗巴音塔拉牧村的一个贫苦牧民家庭。我的家族原为巴林右旗东协理台吉（内蒙古贵族）的家奴。家境是贫寒的。由于社会环境的影响，父母亲节衣缩食，供我断断续续念了几年书，但连高小都未能毕业。"三个巴林人在一起走，必定有一名是歌手。"我母亲是位民间歌手，聪慧勤劳，她用自己的奶汁、泪水和歌声哺育了我。被民间文学的魅力迷住了的我，小时肚里便藏有些民间诗歌和赞词。有时还跟随母亲在聚会和婚礼上朗诵几段，常常引起人们友好的笑声，但有时也会招来蔑视的目光。一九四六、一九四七年间，曾一度广泛流传在昭乌达盟和哲里木盟一带的民歌《圆圆的山峰》的歌词，便是我在民间文学影响下创作出来的"处女作"。

对温暖的渴望，使我扑向新生活的曙光。一九四八年初，我怀着惊奇和欣喜的心情参加了革命。不久被介绍到冀察热辽联合大学鲁迅文学艺术院（由于战争，校址就在热河省的一个乡村里），开始学习革命的文艺理论和接触革命的、进步的文艺作品。这次学习，开阔了眼界，提高了思想和文化水平，为后来的工作和写作打下了基础。

这就是我生活的转折点和创作的起点。

我倾慕知识渊博、兴趣广泛、多才多艺的作家和诗人。然而，由于客观环境和主观条件的限制，只能望而却步。我有自己的生活道路、创作爱好和审美追求。我曾在一篇短文中写道：

"辽阔草原的自然之美，纯朴牧民的心灵之美，摔跤手们的体态之美，是我诗歌创作的美的源泉。"

我的诗，来自迷茫的沙漠和广袤的草原的深处，来自童年的天真记忆和成年的深沉感受。小时候，每逢大年初一，母亲总是想方设法弄点鲜奶，给孩子们尝一口，以祝愿我们心灵的纯洁和生活的明亮。这件事，好像一颗珍贵的种子，深深埋藏在我幼小的心田里。后来，当新生活的光辉照亮我心灵的时候，我这心中的种子，开始发芽，生长，开花，于是产生了我献给祖国的第一首诗《心与乳》：

我们对心里的爱，用乳来表示。

我们对自由和解放，用乳作献礼。

我们对健康和兴旺，用乳来象征。

我们对未来的幸福，用乳来祝贺。

在我看来，对于母亲的爱、祖国的爱和党的爱，不可分解地融为一体。我有这样一种天真的想法：新社会歌手的一生应当在爱中度过。正因为我们对美好事物怀有强烈的爱，所以，才产生了对丑恶现象的深刻的恨。爱和恨的辩证统一中，产生了我的信仰，产生了我的诗歌。毫无疑问，诗的形象、意境、想象甚至节奏，都来源于社会生活。可是，对一个诗歌作者来讲，生活所培养的感情，要比生活所提供的素材更加重要。

诗歌中的无情（无感情、无激情、无情绪），只能表明作者的无能。

难道因为我们十分需要振奋人心的鼓点和号声，就可以拒绝欣赏悦耳动听的冬布拉、伽倻琴、龙头弦和马头琴的声音吗？作家和诗人不但是阶级的代言人，同时也是民族的代言人。他们不能不受到自己民族特有的文化传统、生活方式和风俗习惯的制约和影响。民族的诗人，通过自己的艺术实践，经常地、反复地、程度不同地表现着自己民族的思想感情、心理状态和性格情操。文艺史上常常有这种情况：越有民族特色的东西，越富有艺术生命力。没有民族特点的艺术是不发达的艺术，没有个人风格的诗人是不成熟的诗人。

我在自己的诗歌创作中追求的是我自己民族的特性。这种特性不但表现在作品的民族生活内容上，而且表现在作品的情调、色彩和反映事物的方式上。

"每一个民族的民族性秘密不在于民族的服装和烹调,而在它理解事物的方式。"至于说到对民族文学传统的继承,这当然并不是对传统的固有形象、结构和表现手法作简单模仿和照抄。模仿和照抄并不是创造。只有善于继承传统而又敢于突破传统的人,才能闯出自己的新路。要继承,就要认真消化本民族的东西;要突破,就要大胆吸收他民族的东西。蒙古族诗歌特别是民间诗歌的粗犷、朴实、明朗的艺术风格,对我的创作产生了很大影响。然而,我也很推崇汉族诗歌特有的情景交融、神形统一,不露痕迹的"意境"创造。

我在英雄史诗的粗犷与民间情歌柔美的结合里,在蒙古族好力宝的铺陈与汉族诗歌"意境"的结合里,探求自己的创作特色。

我父亲因病于2009年10月11日在呼和浩特去世。在大青山革命公墓举行的告别仪式上,家人主张播放他年轻时创作的那首后来广为传唱的《圆圆的山峰》(又名

《莫和茹》)。这首歌在20世纪40年代末就收入了由冀察热辽联合大学鲁迅文学艺术院的安波和许直编的《东蒙民歌集》中，象征着他来自民间、走出民间的人生轨辙。作为一名从"百柳之地"走出来的蒙古族军人、诗人和学人，他用一生热情歌颂了他所挚爱的家乡、民族和祖国。

追忆我的姨父亦邻真（1931—1999）

我的姨父林沉，在史学界，大家更多称呼他亦邻真（笔名）。他出身豪门大户。从我记事起，他就住在内蒙古大学东门内北侧的"单身楼"，与青年教师余大钧（也是蒙古史领域专家，后调离）合住一间房。我和我姐姐经常去他那里，就看到余老师用一支毛衣针慢慢搅动茶杯里的茶水，觉得新鲜。我们偶尔给姨父效劳，总是在周日为他从主楼后的开水房打来开水，他在楼道里的盥洗室拉开架势洗衣服。我们常常都能得些奖赏，糖果之类的吧。那时他已婚，他妻子——就是我姨姨瑟尘在巴彦淖尔盟盟委做文秘类工作。他们分多合少，每次姨姨回来，也是我们两家走动最频繁的时候。平常我们家吃一顿好饭——馅饼、饺子之类时，会去请姨父过来一起吃。我对姨父的母亲还有印象，那是一位令人见到就会肃然起敬的老人，消瘦、挺拔，表情平和恬淡，说话慢声细语，但有一种说不出来的威严。只是听家里人说她是贵族出身,后来才知道她是扎赉特亲王郡主,曾经的生活应当是常人难以想象的。

在我姨父去世十周年之际,2009年底,由中国人民大学国学院主办,中国蒙古史学会、内蒙古大学蒙古学学院和日本国立亚非语言文化研究所协办,在中国人民大学逸夫会议中心隆重举办了"纪念亦邻真先生逝世十周年国际蒙古史学术研讨会"。就一位毕生在内蒙古工作的学者而言,这样的殊荣是不寻常的。国内著名蒙元史专家和蒙古学学家蔡美彪、陈高华、陈得芝、周良霄、乔吉、刘迎胜、李治安、白拉都格其、杜家骥、乌兰、达力扎布、白音门德、齐木德道尔吉、乌云毕力格、宝音德力根等,以及日本著名学者大岛立子、中见立夫、森川哲雄、松川节、池内功等莅临大会。会议进行了一整天,多位学者以精心准备的发言稿深情回忆了亦邻真先生高洁的人格,评骘了亦邻真先生在蒙元史领域的卓越超拔的贡献。会后,会议文稿纳入由沈卫荣教授主编的《西域历史语言研究集刊》(第四辑)。因种种原因未能与会的一些学者,也分别表达了对他的缅怀之情,如因健康原因未能前来的他的老同事周清澍教授，以及因公务活动未能与会的他的学生、著名民族学家郝时远学部委员，都分别以书面发言稿的方式向他致意。集刊的主编沈卫荣教授是当今国内倡导和践行语文学最力者，曾长年游学海外，东西方学术视野开阔。我与沈教授初次相遇就是在我姨父亦邻真的病房里。当时他患眼疾，来京诊查治疗。回想起来，沈教授当时还是青年书生，意气风发。后曾听沈教授说起，在用精湛老到的语文学方法从事研究的学者中，他最为佩服亦邻真先生。

我姨父对他的家世从来都是缄口不言。作为晚辈，我只零星知道他是贵族出身。在1949年前后的若干年里，这样的出身，可以想象曾经历多少坎坷。根据他的老同事周清澍教授撰文介绍："由于他的家族是来自西陲的额鲁特人，是内蒙古成吉思汗黄金家族王公异族通婚的对象，因此他的母亲贵为扎赉特亲王郡主，扎赉特旗亲王巴特玛拉布坦正是他的舅父。"[1]

---

[1]《集刊》第16页。

他在这样的家庭中出生成长，生活条件之优渥可以想象。少时一度几乎被选为活佛，那时家中曾请来喇嘛教他诵经。这种机械背诵的训练，加上他天资聪颖，成就了他博闻强记的特点。他是研究历史学的，在那个年代，读书做卡片是做文史专业的基本路数。他却很少做卡片，读过的资料，都储存在大脑里。无论是面试学生，还是回答同行的疑难问题，张口就能准确说出相关知识点。他去世后，家人整理他的藏书和手迹，所见卡片确实不多。国外同行的研究，他都分纸袋收存，袋上标注姓名。总之，他的记忆力和领悟力是超强的，所以他的老同事周清澍说，"据我同他多年的交往，深感他是一个罕见的天才"[1]。

他的同行和学生们众口一词，认为林老师在语言方面的造诣和天分难以企及。他是在齐齐哈尔城市里长大的孩子，没有在学校专门学习过蒙古文，但后来通过刻苦学习，居然能够在《内蒙古骑兵报》和《内蒙古日报》（蒙文版）工作，蒙古文已然是专业水平。儿时念诵的藏

---

[1]《集刊》第12页。

文佛经，成为他后来释读和研究八思巴字和史籍中藏语词汇的基础。他少年时代在日本统治下的学校学过日文，后来在专业上一直能用到，乃至能用日文起草讲稿。稍后他又自学并掌握了西里尔蒙古文。在北京大学学习期间（他1956年以调干生身份高分考入北京大学历史系），他自学了俄语和英语。看他与国外学者的信函（有发表），可知他掌握英文的程度。他的汉文则是令人赞叹不止的。他曾用文绉绉的清代汉语翻译蒙古族文人哈斯宝的蒙古文《红楼梦》四十回，用语之典雅地道，不仅在蒙古族学者中堪称独步，就是汉族学者能这么拿捏汉语的也是少而又少。北京大学教授陈岗龙曾撰长文分析他的《红楼梦》蒙译汉的艺术成就和语言特色，极为推重，对他的关于《红楼梦》的研究也给予极高评价。他读书和掌握知识一向有自己琢磨出来的窍门。记得我在大学本科学习古汉语时，他就建议说不一定要从先秦开始读古文，反而要先读《聊斋志异》，他说从清代往前读，才能更好地体会语言的变化和用典的层累现象。

他在北京大学历史系读书期间，就以超常的自学能力迅速成为专业翘楚。内蒙古大学历史系主任胡钟达先生在北京大学历史系任教时教过他,对他印象很好。胡先生到内蒙古大学主持历史系工作后,又率先表达了希望他毕业后回来,到内蒙古大学工作的想法。他于1961年来到内蒙古大学蒙古史教研室当教师。身为大学本科毕业生,他次年就发表了在蒙古史领域堪称名篇的《论成吉思汗与蒙古民族共同体的形成》。记得《中国大百科全书》中元史的相关词条后所列的两三条基础文献里,就有这篇论文。

日后他在蒙元史上造诣极高,赢得中外同行的高度赞誉。作家张承志在考古学和历史学领域都有专业训练,曾发表过《掩卷追怀亦邻真》一文,择要介绍了他在历史学领域的巨大成就,尤其是他"攀援绝顶般的工作"——《元朝秘史》畏吾体复原。在国际蒙元史领域,这就如同摘取皇冠上的明珠一般,能赢得崇高威望,但过程极为艰难。张承志说:"对他年复一年的阅读,早已成了一种温习和独自的享受。潜读之中我常想,当代蒙古学界还有谁的学识能超过亦邻真。这本不为人知的遗著《元朝秘史(畏吾体蒙古文)》像两座连着的山,一座是步步础石的丘陵，另一座是只能仰望的冰顶。翻阅着，尤其是一遍遍读着他为此书所写的前言——《元朝秘史及其复原》，我常禁不住暗自感叹：半个多世纪来，怕没有比它更优秀的蒙古学论文了。"[1]张承志还说："他（亦邻真）总是住在呼和浩特。而我每去内蒙古却总是从北京直奔乌珠穆沁。偶尔遇上中国作协开会，我才能见到他的亲戚、著名诗人巴合西·巴·布林贝赫，我们喝一点伊利奶茶，话题总离不开亦邻真。他对我来说是一个传说，我长久地着迷于他那文学化的文笔，以及对秘史时代通盘阐释的倾向。"[2]

我父亲和我姨父这一对连襟，早年同在部队工作，后来来到同一所大学教书。原来就是熟人，现在是亲戚加知音。加上工作和居住都在一起，彼此的情谊更是极为深笃。我姨父在专业工作之余，还曾乘兴将我父亲的若干蒙古文诗作翻译为汉语，如《银色世界的主人》等散文诗就是，译者署名"巴嘎邻"。这也是他们之间多年友情的一

---

[1]《读书》2006 年第 2 期。
[2]《读书》2006 年第 2 期。

个见证。

我姨父有生性散淡的一面。他一向看淡名利,但做事认真,尤其对学问,可以说是非常较真。看到粗制滥造的研究成果,鞭挞起来也是毫不留情。他又不是一般人认知中的所谓"书呆子",他能下国际象棋,汉字书法颇有根基,且能左右两手同时写板书,在校园中传为美谈。我中学时学习松弛,他还揪住我教会了我打算盘。我后来下乡能很快被指定做会计,和这个技能分不开。他的英文书法漂亮,我后来从他藏书中见到一册苏联人编的英文字母书法训练课本,也拿来练习了许久。

在各种挫折中走过了大半生旅程的亦邻真,对个人的使命,对学问,有他看透后的某种淡定和恬然。张承志是懂得他心思的。他说:

> 亦邻真的举意,似乎含有微义。我想在这部今日印刷的畏吾体蒙文书的字里行间,形式里藏着他深沉的思想……亦邻真意识着自己拥有的汉语表述能力。面对有限的时间和条件,他放弃或推迟了汉

语译注本这一使命。显然他想把有生之年,用于朝着终点的攀登。既然百年的研究史证明了秘史原本是一种畏吾体蒙文本,那么终点的研究就是构拟并复原它……他只做向终点的一次攀援,表明自己知道身负的责任,并已经竭尽全力。[1]

我是外行,对我姨父在蒙元史和相关领域的成就,没有能力做出扼要总结。在此,我引述他的弟子郝时远学部委员的一段话作结:"林沉老师的专业知识面非常宽阔,历史学、语言学、民族学、考古学、人类学等学科方面都有相当的修养,更不要说考据、音韵、校勘和涉及古文字、古文献研究方面的知识和工具的掌握。"[2] 是啊,假如没有这样深厚的积累和宏阔的胸襟,又怎么可能站立在学问的山巅?

我的姨父亦邻真当真是不世出的智者。

---

[1]《读书》2006年第2期。
[2]《西域历史语言研究集刊》(第四辑)第30页。

钟老的史诗情怀

从小学断断续续地读到博士毕业，再加上海内海外、长长短短地进修学习，也就有幸得到许多老师的教诲。回想起来，在这前后 20 多年学生生涯中，在钟老门下的三年，对我，却有着极为特殊的意义。这三年中，学术方向做了调整，学问有了长进，也领悟了一点做人的道理。

在钟老门下读书时，我选择的主攻方向是蒙古族史诗。钟老给了我许多直接而具体的指导，例如应当如何设计选题，如何进行田野作业，等等。1998 年夏天，钟老在西山休养期间，我前往陪伴，住了两日。两天里所谈内容都和史诗有关：怎么搜集、怎么研究、怎么培养队伍，钟老都有想法。用钟老自己的话说，那些谈话"唤出了我以往对中国史诗研究的某些思考。整整两天的时间里，我们的话题始终围绕着史诗，谈兴酣畅……甚是投合，不觉晨昏转移"。我当时就感到，钟老对中国史诗学，一直有全盘的设想和计划，也有很深的期许。这样的师生对谈，前后进行过多次。在我撰写关于蒙古族史诗的博士学位论文的过程中，钟老给予了多方面的指点。在该论文出版之际，钟老写下了长篇序言，其间不仅有鼓励后学的意思，也有对未来中国史诗学宏大前景的展望。

2001年春节刚过，我计划赴美国密苏里大学做研修。行前去北京师范大学的红楼钟宅向钟老辞行。钟老嘱咐我："学习外国的东西，要真正'泡'进去，要自己先吃透，否则，以之'昏昏'，何能使人'昭昭'？"我谨记在心。年底，我因事临时回国，再出境前去向小恙住在友谊医院的钟老辞行，钟老谈得起兴，时间不觉就过了数个小时。我也全然忘记了钟老正在休养中，不宜过于劳神。吃了钟老特意嘱咐护理员订来的水饺后，才依依向钟老告辞。

钟老说，一些老友敬重他，是因为他做人老实。这"老实"两个字，却有千斤重量。做人的尺度，做学问的科学态度，全在里面了。

钟老为某个史诗集刊写了篇序言,该刊因故未能面世。钟老就将该文送给了我和另外一位也是做史诗的同学保存。文中有这样的话:

> 我国各民族古典文学艺术宝藏的富有,实在是使人赞叹的!但是我们不能够让这些宝物停留在出土矿产的阶段。它们必须受到提炼、加工!直白地说,这些可贵的民间艺术品,必须加以科学的研究,对它进行历史的追溯、原理的探讨以及种种的比较考察。在这基础上,我们将建立起具有中国特点的史诗学,这是我们当前学界的庄严任务,也是我们的优越权利。[1]

就史诗研究的国际格局而言,钟老此言切中肯綮。西方的研究,从书面文本入手多,理论建构多,类比式研究多,而难得有条件进入活形态演唱传统做深入考察。中

---

[1] 写于 1990 年 10 月 14 日。

国从南方到北方，保有着大量活形态的史诗演唱传统，这就为我们提出自己的理论思考，提供了优越条件。怎样不使钟老的期许落空，才是我辈应当认真考虑的事情。

我所认识的郝苏民巴克西

在郝苏民先生面前,我是后学,常常尊称他郝巴克西(蒙古语"老师"之意)。不记得彼此见面有多少次了,大多是在学术场合。郝先生无论走到哪里都带着"气场"。近几年,有些花白但浓密的胡须,更衬出他的炯炯双瞳,有大丈夫气概。

郝巴克西现在是西北民族大学的资深教授,《西北民族研究》学刊的主编,民间文化研究圈子里的人,人前背后都被称为"西北王"。他谈锋机敏,为人和蔼,课堂内外循循善诱,给人一介书生的强烈印象。其实他早年的经历却堪称跌宕起伏。不过,今天的郝巴克西,就是这么一路风雨走来的。我斗胆猜测,正是曾经领受到的精神上的苦难和排斥、身体上苦重活计的磨砺,才让我们今天的郝巴克西,不仅有强健的体魄,还有处事不惊的气度和超乎寻常的强韧。与底层民众的朝夕相处,强化了他对民众文化的热情和体悟。所以，身为大学者的郝巴克西，还有一份亲近民间、关怀民众的深厚情怀。

郝先生是回族人，早年研习蒙古语，在八思巴文之外，对喀尔喀方言和托忒方言都有心得。后来被安排到藏民中接受再教育，趁便学了藏文。这些民族语文的修养，成为他生活转机的由头，也是他学问大厦的坚强支柱。郝巴克西在内心深处，似乎更接近于另一种学者。他对河西走廊和北亚草原历史文化、社会风俗等的了解，与他长期在民众中生活分不开。民间的智慧、草根的情怀，成为构成郝巴克西学术谱系底色的重要元素。他后来在教学中、学术研究中、文化活动中，都不断倡导、呼吁关注和研究那些往往被主流学术所长期忽视的族群文化。人文学术，若是离开了人、离开了对人的精神世界和情感世界的关怀，则研究所得也往往是苍白的、贫血的、缺少冲击力的。反过来说，那些关注生命、关注精神和情感、关注当下境遇和今后走势的人文学术，往往更显现出力量和存在的价值。郝巴克西关于人口较少民族语言文化调查研究的项目，关于非物质文化遗产抢救、保护和研究工作的专业意见和许多学术性表述，就是我特别钦佩的有生命质量的、对国家和民族有裨益的学术。

郝苏民是著名民俗学专家，所以文化部成立"非物质文化遗产保护工作专家委员会"之初便聘请他为委员。我国的非遗工作从一开始便遇到诸多挑战，而且每一宗挑战都难以应付。如何看待和评价民间信仰活动，就是对专家组成员学养、智慧和经验的很大考验。郝苏民，以我所知，在提供专业意见上贡献良多。另外，在关于少数民族非物质文化遗产保护方面，郝苏民也提出过许多很重要的建议，并带队到农牧区进行科学的田野调查工作、形成系列学术成果，为文化政策制定、地方的文化建设事业、区域文化的专题研究，都做出了重大的贡献，乃至取得了某些专题研究的示范性成果。

郝苏民在规划学科格局、推动学术建设方面所做出的努力和花费的心血，令许多同行钦佩和景仰。《西北民族研究》是人类学、民族学和民俗学方面最有影响的学刊之一，且声望日隆，这与郝苏民这位德高望重的主编的人望和他颇有远见的办刊理念大有关系。西北族群交错，文化交叠，而学术研究整体则略显不足。郝巴克西率先在西北民族大学开创民族学和民俗学学科点，教授硕士和博士，培养专业人员，这对于形成合理学科布局，推动西北地区学术建设，意义尤为深远。

（原载于《中国社会科学报》2014年10月24日）

领军人物在学科建设中的作用

我理解的圆桌恳谈会,就是话题谈得稍微轻松一点,所以我准备的发言和前面的先生稍稍有些不同。我想,学科的建设离不开学科的领军人物,我就从领军人物这个角度,说说郝苏民先生在学科建设中发挥的作用。

一是郝先生具有广博的学术积累。其实,无论是人文科学还是社会科学,都非常需要这种基本素养。这方面,郝先生是我们的一个典范。他的文史哲研究,还有文艺创作,都展示了这种才能。而且还有语文学,刚才贺电里谈到他关于八思巴文碑文的研究。不久前,上海还有一个报纸讲"阿尔泰学"的若干泰斗,讲了马洛夫,讲了国内的一些学者,其中有一段提到郝先生,对他的八思巴文研究,多有赞许之词。这就要提到郝先生的语言修养。我们知道,郝先生是回族人,早年在大学学蒙古语,他不仅对八思巴文有研究,而且在喀尔喀方言上也下过功夫,很有心得。他也学习过藏语的安多方言。此外,他还掌握了俄语等外国语。郝先生的多种语言修养是其成为大学问家的基础。其实西方的大家,文科的许许多多的大家,哪有不通多门语言的?哪个是靠一种语言工作的呢?特别是文化研究,没有比较,是说不清特性的;而要比较,就要深入研究对方文化,那就一定要从对方语言入手。所以我觉得,对于今天和今后我们这几个学科的青年一代学者来讲,应该更加专注地、锲而不舍地进行语言训练,这是把学术道路走得越来越平顺的一个相当重要的基础。

二是郝先生有远大的眼光,包容的胸襟。郝先生有经营学科的意识,而且这个意识相当强。他经营的刊物《西北民族研究》,在学界的口碑大家都是很清楚的。他通过刊物,不仅团结了学界,而且打造了队伍,培养了人才。郝先生的远大目光,还体现在支持学术活动上。改革开放以后,中国民俗学学科恢复、建设与发展,最初的、最为重要的活动就是在兰州这里进行的。一个学科的领军人物,需要胸怀全国,有学科格局,而且知道什么时候要出手、推动什么事情,我觉得这是一个学科领军人物该想的事情。这些方面，郝先生非常有眼光，而且看得很远，他能在西部边陲这样一个各方面的资源并不是那么丰厚的高等院校，把学术经营得如此有声有色，从刊物、平台、活动，到团队的打造，能达到如此程度，我觉得这里有很多地方值得我们思考和汲取。

郝先生这些年深度介入我国的"非遗"工作。我们在很多场合，就"非遗"的很多事情进行过切磋交流。郝先生是文化部最早的"非遗"专家组成员。我们也一起作为专家督导组成员，到一些地方考察指导"非遗"保护活动。总之，很多时候，我们是在这些场合相见的。我作为蒙古族学者，一个后学，与一位回族学者见面时讲几句蒙古语，心里感到很温暖。民俗学介入"非遗"，这相当重要，这是我们民俗学发展的一个契机。在这方面，郝先生当仁不让，也义不容辞，他是开展西北民俗学研究的最早学者。他了解西北民俗及其研究情况，所以刚才马盛德司长也谈到，像一些少数民族的调查项目，都是郝先生亲自领着队伍做的。那个时候，他已是七十几岁高龄，跋山涉水，到一些交通很不发达的地方亲自搜集资料；同时把队伍也带出来了，让一些年轻人参与其中，得到了很好的锻炼。我觉得，这非常了不起，值得我们好好学习。

三是郝先生深入民间，体察国情，具有民众立场。郝先生是大学里的资深教授，同时又对民间文化有很深的体悟。这当然和他早年的经历有很大的关系，他在藏族中长期生活过，到许多少数民族地区考察过。我是在内蒙古出生、长大的，我在内蒙古跑过很多地方，但我跟郝先生比，觉得还有欠缺，想想他跑了多少地方吧！民俗学本身是关于民众的知识和实践的学问，而这个民众的立场不是高高在上的、制造一些高头讲章似的脱离实际的学问，这一点郝先生是我们的一个表率。他对民间文学，比如说卫拉特民间文学、谚语故事等方面的研究，他对语文学、"非遗"保护抢救等工作，全部都是围绕民间文化中那些最基本、最精彩、最具文化内涵的话题展开的，所以，他开创了一条非常好的道路。我觉得我们西北地区的高校，乃至全国其他地方的高校、科研单位，都可以从他几十年来的学术实践中学到很多东西。这个民众立场，特别是"非遗"在国际上变成热潮的今天，尤其有特殊意义，对我们这个学科也有特殊意义。联合国教科文组织列入"非遗"的若干"领域",都是民俗学的研究对象。民俗学如何在这样一个新的形势下保持学术的独立性、提升学术的理念和层次,同时又让学术不是远远地离开民众、离开生活、离开社会实践,而是在互动与协调发展中产生新的理论方法,指导我们更好地认识民间文化,探究这些问题,意义都特别重大。这两年,我在若干讲座、报告中总是讲这样的话:在人类文明进程中,作家书面文化、精英文化和民间口头的文化、草根的文化,一直是驱动人类文明进步的两个车轮。以往我们的教育体系,尤其是制度化的教育体系,高校、科研院所教育体系,以及传媒,太关注精英的东西了。十几年前,教科文组织号召保护"非遗",实际上是号召我们走入民间,号召我们要看到在人类文明进程中民间文化的巨大作用。这对于长期被学界,特别是被文人、精英阶层忽视的民间文化,具有重要意义。郝先生用他的实践、他的眼光和他的成果告诉我们,在今后,对于我们的国家,对于我们的人文学术建设,民间文化是多么的重要!

(原载于《西北民族研究》2015年第1期)

西德突厥学者卡尔·赖歇尔简介

卡尔·约瑟夫·赖歇尔（Karl Josef Reichl）为德国波恩大学英语系教授、系主任。他1943年出生，1971年获哲学博士学位。他是语言学家和突厥学家，多年教学之余致力于学术研究，著述颇丰。他的主要学术著作有：

《中世纪英国宗教诗歌》（1973）

《语言学论文——十三世纪拉丁哲学语法考辨》（1976）

《范畴的语法和世界的构成》（1982）

《乌孜别克童话》（1978）

《土库曼童话》（1982）

《卡拉卡尔帕克童话》（1985）

《饶桑：一部乌孜别克口头史诗》（1985）

《新疆童话》（1986）

较重要的论文有：

《论爱尔兰对古代盎格鲁世俗诗歌的影响》

《乌孜别克和卡拉卡尔帕克史诗演唱艺人的口头传统和表演技术》(1985)

《贝奥武甫,额土斯土克与熊之子的民间故事》(1987)

《英国古典史诗》(1989)

《乌孜别克英雄史诗》(1989)

《哈萨克史诗中的套语》(1989)

赖歇尔先生懂英、法、俄、波斯文,通突厥语族诸语,且有深厚的文化学、语言学修养,他艰深的语言哲学著作向我们证明了这一点。加之他严谨的治学态度、丰富的田野作业经验,使他在突厥语族口头文学研究方面做出了卓越的贡献。

1989年8月28日至10月6日,赖歇尔先生第二次来华进行学术考察交流活动。他首次访华是四年前,在新疆度过了大部分时间,从事了大量民间文学的调查,其成果除前面提到的印刷极精美的《新疆童话》外,还有几篇论文发表。这次来华,他在北京中国社会科学院少数民族文学研究所作了题为《中世纪英国叙事诗与突厥口头叙事诗程式化句法之比较》的学术报告,该报告的归纳方法和结论是富于启发意义的——计算机统计表明，无论是早期英国叙事诗，还是突厥民族口头叙事诗，都大量运用了程式化句法，它们有相当高的出现频度，而且这种程式化既表现在诗歌的韵律节奏上，也表现在诗歌的意象上。因此，深入分析突厥民族至今仍然活着的口头诗歌，对于正确理解民间文学的一些本质特征，具有相当重要的意义。另外，从来自不同突厥语族族群的不同诗歌中明显存在着的相同的程式化句法中，我们也能辨认出它们之间亲密的血缘关系。可以推测，在突厥各民族最后形成之前，它们曾经共同拥有大量文化遗产，这是不同历史共同体中人们共同创造和发展的。

赖歇尔先生此次学术访问还包括下述内容：与被国外学者誉为"当代的荷马"的著名柯尔克孜族史诗演唱家居素甫·玛玛依座谈；实地考察并现场录制了哈萨克族歌手阿肯演唱的民间叙事诗（新疆伊犁地区），录制了柯尔克孜族歌手演唱的史诗《库日曼别克》（一千五百行，新疆克孜勒苏柯尔克孜自治州）；与一些教学科研单位的民族民间文学工作者举行了数次学术交流座谈会；等等。

赖歇尔先生是严谨的、一丝不苟的学者,他细致的田野作业作风给在场的中国科研工作者留下了极其深刻的印象;另外,他在解释历史文化遗产问题时显露出的雄厚的语言学知识,也使我们的文学研究工作者感到了差距。

在离开中国前夕,赖歇尔先生郑重表示他不虚此行,不久将会有德文和英文的学术著作问世。西方世界的人们会再次通过赖歇尔先生的卓越劳动了解突厥诸民族人民创造的灿烂的民间文学遗产。我们当然深信不疑。

(原载于《民族文学研究》1990年第1期)

远行的故事歌手：怀念弗里

2012年5月2日，美国中部气象部门预报将有一个龙卷风云系生成并经伊利诺伊州进入密苏里州。不久前的另一场龙卷风造成的灾害景象还历历在目，许多人心中惴惴不安。不过，这次龙卷风没有触地造成灾害，我猜，它是为另一件事儿而来——将一位杰出的学者从密苏里州带回天堂。这位于龙卷风光临前一日御风西去的人，就是密苏里大学（哥伦比亚校区）口头传统研究中心主任、学刊《口头传统》的创始人约翰·迈尔斯·弗里（John Miles Foley）教授。凶险的癌症令他过早地离开了我们，享年65岁。那时我正在600公里之外的纳什维尔，参加中美民俗学双边论坛。此前，我们已经从弗里发给挚友的电子邮件中得知，他癌症病情恶化，进入"临终关怀"（hospice）状态，所以，会后租车带着弟子朱刚去看望他，已经纳入了我的行程计划中。令人扼腕的是，我还是错过了在他生前当面向他致意的机会。在纳什维尔时，我和弗里的学生罗瑞频繁通信息，也与弗里夫人安妮-玛丽（Anne-Marie）交换过信息，告诉他们我的计划。弗里夫人还说，作为他们家多年的朋友，我的前往探视，对弗里家而言，是一个 Blessing（祝福）。

这是一个迟到的 Blessing。

路途上的劳顿已不值一提，唯一记得的，就是途中不断提醒自己不能走神，不着急赶路。因为时差效应，总是感到疲倦，这是开车跑长途的大忌。

我用电邮通知了弗里的同事、出色的电子工程助手马克（Mark Jarvis），我将于4日傍晚携学生抵达哥伦比亚市，请他将去弗里家的地图用电子邮件传给我。结果，当我们经过了10个小时的行程，从田纳西州出发，经肯塔基州和伊利诺伊州，终于进入密苏里，贯穿半个州，到达哥伦比亚时，他正在丽都假日酒店的大堂等候着呢！我们并没有告诉他我们将投宿哪家酒店，是他逐个打电话问出来的！他征求我俩的意见，是否愿意去弗里家吃晚饭，弗里夫人和三个孩子都在，也准备了简单的晚饭——我们当然是立即过去了。

这个坐落在市郊的棕色房子，我来过的次数，实在是数不清了。去年十月借赴美参加美国民俗学年度大会，我还提前几天动身，先去了密苏里，就投宿在弗里教授家。这次来，心情却极为不同。弗里夫人对我说"I am sorry"，我无言以对，也不知道该如何安慰她。

据家人说，弗里离开的时候很平静，妻子和子女陪伴在旁边。后事都是遵照他本人的意愿安排的——不再住在医院，不希望闭目之前身旁是陌生人。最让我心痛的是，他原本计划好了要来青海参加七月份的国际史诗会，并希望带上他的新著。为此他多次与出版社交涉，希望能够加快出版进程，并对社方竟然擅自删去了800个注释的做法表达了愤慨！他不得不在病魔缠身的情况下花了大量时间和精力重新补充进去！出版方只是说，根据流程，新书要到8月1日面世，无法提前。现在，早几天还是晚几天，已经不重要了。

次日，我们又去了他家。

在两次谈话中，我了解到不少情况。例如：弗里不希望学校把告别仪式搞得很堂皇，这符合他低调谦逊的作派。《安魂曲》，史诗吟诵——《贝奥武甫》中的"船葬"片段，《荷马史诗》吟诵，演奏音乐，几位老友和学生追忆他的生平等几个"节目"，构成了这个告别仪式的主要内容。弗里长子约书亚（Joshua）主持仪式，夫人安妮－玛丽、女儿Lizzie和次子Isaac，或吟唱，或朗诵，或弹奏，表达他们对亲人的挚爱和惜别之情。而所有这些细节都是由弗里本人在离世前为数不多的日子里与其夫人安妮－玛丽逐一商定的。由此，让人不得不感叹弗里在生与死之间的淡定。

弗里的学术贡献，我将在另外的地方撰文介绍。

在这里我只想说，我们中国学者和中国民俗学界应当铭记的，是他对中国文化的惊羡，对中国学界的期许，以及对中国学者的关切和提携。

他的著作之一《怎样阅读口头诗歌》的封面，用的就是中国学者所摄藏族歌手的头像。在他的后期著作中，中国学者的某些著述多次出现在参考文献中，也有若干与中国有关的例子出现在他的论析中，例如对蒙古族歌手劳斯尔等的介绍就是。他所创办的《口头传统》学刊，为中国少数民族口头传统出版过专辑，向国际学界介绍中国学者的研究成果。他主持的口头传统网站和《口头传统》中某些他认为会对中国学界有益的部分，近年也在逐步汉译，以方便中国读者。在他近年的计划中，还有一个是搭建由芬兰的文学馆、我们民族文学研究所和密苏里大学三方合作的数字化技术平台，以新技术和新理念，推动民俗学资料学建设和理论建设。他热心栽培中国青年学者，不仅在他学校的团队中，有不止一名中国籍学者参与工作，而且他在病笃期间仍不忘安排中国青年学者的访学计划。今天，他人虽离去，但我们之间的友谊和学术联系仍在，今秋就会有我们研究所的青年学者去密大的口头传统研究中心访学。

弗里惊羡于中国文化的多样性和丰富性，很早就说过，将来的民俗学理论建设中，中国学者将会发挥更大的作用，因为我们这里有如此丰富的宝藏。他精通近10种语言，可见他学习语言的天分。他不久前还说过，如果再年轻几岁，他一定会学习一门中国的语言，以更好地了解和研究中国的口头传统。他夫人告诉我，他在病重期间，还在电脑上安装了一套学习中文的软件，开始学习中文，他是计划在今秋的青海史诗会上用中文说一些话呢！

今年年初，我们还通过邮件讨论他携家人来中国的计划。我还提议他带次子艾萨克来，领略一下中国西部和北方的音乐传统，他也兴致勃勃地采纳了这个计划。在我的计划中，今年年底在北京还要召开一个国际史诗学术研讨会，我们几个人，弗里、小劳里（芬兰）、赖歇尔（德国）等，计划着发起成立一个国际性的史诗研究学术组织。在我的心中，弗里最合适担任这个组织的领导者了。他个人的学术成就，他在国际学界的声望、影响和广泛的联系，都是罕有其匹的。

去年10月份，在逗留哥伦比亚的几天里，我与弗里朝夕相处，甚是愉快。他蓄了胡须，看上去苍老了一点，精神却特别好。我事后知道他那时正在接受化疗，每次化疗后都相当虚弱。为了我的前往，他调整了治疗周期，以携妻陪我先前往堪萨斯城，宿百年老店，领略中部文化和餐饮，再去参加盛大的"文艺复兴节"，看各种复古的表演，包括马背上的骑士角斗。记得我们仨，加上弗里的两只宠物狗——异常聪明的 Joe 和 Bella，大啖传统的烤火鸡腿，十分开心。他们夫妇还特意在那里为我买了一件胸前印有龙的 T 恤衫和一个彩色玻璃的饰物。

次日，我在密苏里大学的口头传统研究中心做了一个报告，谈中国史诗的多样性和理论拓展的前景。这个报告，弗里亲自主持，口传中心首次通过网络直播技术做了全球播发。当时和事后下载收看的学者，来自世界几大洲的几十个国家。弗里对这个新安排颇感得意，事后在邮件中还多次提及其影响范围。

当时我们都觉得，弗里的健康状况相当好，在改用新的治疗方案后，他的病情明显好转，看上去收到了惊人的效果。今年 4 月 19 日，弗里给他的老友和学生共十来个人发了一封电子邮件。看后我的心一沉，知道情况不妙。信中他极为简要地回顾了病程，他是 2010 年 5 月诊断为癌症的，当时医生说如果不做手术，他还有四个月时间，如果做手术，能再延长两个月。随后，通过来自波士顿、洛杉矶和密苏里三方专家的合作，新的治疗方案一度收效甚好。但最近的情况是他自身的免疫系统遭到破坏，不起作用了。他进入"临终关怀"或者叫作"安养"的阶段。不过，他信中流露出来的淡泊、从容和超拔，令我产生了错觉，感到他仍有时日。

今天回想起来，他生病不久，就告知朋友同行，取消旅行计划，专心对付病魔。几个月后，情况似乎好了起来，他又能旅行了。在确诊一年后的2011年5月，弗里再度来京，参加由我们研究所主办的世界濒危语言与口头传统跨学科研究学术研讨会。他那时看上去有点虚弱，但报告极为成功，令人大为钦佩。会场上的情景，言犹在耳，景犹在目。最令我吃惊的，倒是他费尽心思搜罗信息，最后从澳洲买到一把手工雕制的古斯勒琴，又从美国大费周章地包装稳妥，带来北京，并在会议闭幕式上赠送给我，令我感动至极，同时也感到一丝异样。今天想来，这把故事歌手的琴更像是一个精心安排的"赠别"之礼……

弗里早年投师阿尔伯特·洛德门下，分别在哈佛大学和贝尔格莱德大学完成了他的博士后研究。洛德著有

《故事的歌手》，弗里著有《演述中的故事歌手》，他对师道的尊崇，对口头学派的拓展，均浓缩在其著作标题之中。而他数十年如一日在口头传统研究领域的辛勤耕耘，更像是一位故事歌手对传统的挚爱与坚守。然而，天妒英才，让这位不倦的故事歌手过早地离开了我们大家……

弗里在学术圈中有极高的人望。他的众多学生弟子，对他更是敬佩有加。在他病笃期间，众学生商议后，悄悄为他编辑了一期专刊，以纪念他多年的奉献和学术成就，弗里的老友约瑟夫·纳吉为此作序。密苏里大学还给他颁发了推动国际学术交流的卓越贡献奖。说起来，他频频在亚洲、非洲、欧洲等地旅行，获得的头衔、职务和称号数不过来，在许多国家里，他拥有众多青年追随者，他挑战陈规、吸纳新知、融会贯通、博采众长的气度和高度，在当今人文学术界，也是难觅同俦。仅就将最古老的文化传统与最新的数码技术紧密结合，开创"通道项目"（新著八月面世）而言，他也是指不两翘的大师。

我们失去的，不仅是一位杰出的学者，也不仅是一位我们研究所和我个人的老友，我们失去的，是无涯学海上的一位目光犀利、胸有成竹的领航者。我们学科的发展，必定因其过早地离开而受到影响。

在美国，他早已成为公认的"帕里-洛德理论"的当今旗手。身为哈佛教授而英年早逝的帕里的田野笔记，最后就是交给了弗里所主持的密大口头传统研究中心。《口头传统》刊物20世纪80年代甫一面世，就得到60年代初创立"伦敦史诗讲习班"的哈托（Hatto）的高度重视，认为史诗学术的薪火得以传承。《口头传统》的编委会，得以聚集相关领域的大家而使刊物影响日隆。该刊也是迄今在人文领域将学术民主和共享精神贯彻得最为彻底的刊物。

弗里在古典学、文学、人类学、民俗学、口头传统、史诗研究、信息技术诸多领域，都做出了卓越的贡献。在过去的大约二十年间，先后有劳里·杭柯和阿兰·邓迪斯辞世，现在是约翰·迈尔斯·弗里，这三位学者的著述我都有所译介，其中两人我有幸亲炙教诲。一代宗师离我们而去，但他们的精神遗产会长留人间……

洛德和他的《故事的歌手》

哈佛大学教授洛德的《故事的歌手》(*The Singer of Tales*)首版刊行于1960年,至今已经重印多次。洛德本人看上去很具有哈佛老派教授的风范,常年蝴蝶领结,西装笔挺。听说这也是不得已,他听力有障碍,需要常年佩戴助听器。助听器的拾音头在胸前,若是系寻常领带,噪声干扰不胜其烦,领结就无此弊端。

从这本《故事的歌手》面世以后,洛德的学术声望与日俱增。文学、文化人类学、民俗学、民族音乐学等学科,都很关注他的学术思考。《简明不列颠百科全书》在"Folklore"(民俗)词条下,将洛德视为"人文主义"观点的代表,以与泰勒、博厄斯等人的"人类学派"和弗洛伊德等的心理和心理分析学派并列,亦可见其地位和影响。"帕里 – 洛德理论"(Parry–Lord Theory),又叫"口头程式理论"(Oral Formulaic Theory),就是洛德和他的导师帕里共同构建的。该理论的核心是"程式""主题"和"故事范型"等概念。帕里是古典学学者,他最初热衷于解决"谁是荷马"这个古典学的千古疑案,为了完成求证和类比,帕里与洛德曾前往史诗传统盛行的南斯拉夫地区考察史诗演唱过程。从1933年开始,他们历时两年,访问了数以百计的文盲歌手,并做了大量考察和录音。在将这些表演录音与《荷马史诗》进行了深入的比较研究后,他们发现了民间口头诗歌演唱的核心问题,这就是后来被概括为"口头诗学"的一系列民间文艺学的重大理论问题。譬如,民间歌手们每次演唱的,都是一首"新"的作品。这些作品既是一首与其他歌有联系的"一般意义的歌",又是一首"特定的歌"。传统中的诗人,是以程式的方式从事史诗的学习、创作和传播的。这就连带着解决了一系列口传史诗中的重要问题,如史诗歌手并不是逐字逐句背诵并演唱史诗作品,而是依靠程式化的主题、程式化的典型场景和程式化的句法来记忆和表演作品的,口传诗歌的创作法则制约和限定了表演中变异的限度。从一定意义上说,歌手就像摆弄纸牌一样来组合和装配那些承袭自传统的"观念部件"。所以，这些篇幅宏大的诗歌，与其说是某个天才诗人的灵光乍现的产品，毋宁说是一个伟大的演唱传统的产物。洛德的主要学术成果还有《史诗歌手和口头传统》（1991）、《复述故事的歌手》（1995）和大量论文。得益于该书研究成果的著述已有上千种，涉及全世界百余种语言的口头传统。洛德的贡献包括对南斯拉夫史诗演唱家的学艺过程和演唱方式的研究，对口传史诗中程式概念的缜密的分析，对程式化主题和典型场景的极为细致透彻的探讨，以及对书面与口头传统关系的广泛涉猎，兼及对古希腊史诗、中世纪史诗传统和当代活形态史诗传统的比较研究，等等。总之，洛德的研究对该学派理论的体系化方面贡献不小，也使得帕里早年的工作方向得到极大的拓展和推进。"口头程式理论"除了在欧洲的诸多语言传统中得到广泛运用之外，也已经影响到非洲、亚洲、美洲的印第安（每一地区中又包括许多彼此相异的传统）、澳洲的土著、南太平洋，以及其他一些语言区域，并远远超越了史诗的疆域，进入各类民间叙事歌、《圣经》研究、爵士乐的即兴弹唱、美国黑人的民间布道、民谣创作等与即兴发表相关联的诸多领域。很显然，这一理论并不是那种一经面世便立即造成轰动效应的"新学说"，但是它严谨、扎实的理论体系，以及文本解析与田野研究并重的操作范式，再加上在全球众多传统中的运用和验证，造就了它开放的体系，延长了它的学术生命力。洛德过世之后，口头程式理论的当今旗手，是美国密苏里大学的约翰·弗里教授。他是密大口头传统研究中心主任兼《口头传统》学刊主编。他的《口头诗学：帕里 – 洛德理论》就是系统评述"口头程式理论"学术史的"博学而生动的教程"。该书中文版于2000年由社会科学文献出版社在北京出版。适逢"口头程式理论"经典著述之一《故事的歌手》中文版面世之际，我们应当更严肃地思考怎样立足于各民族文化本土中的史诗传统并借鉴西方史诗研究的理论与方法，搭建起中外史诗研究界学术对话的桥梁，从而发扬中国民间文艺学研究传统之优长，汲取国际学术理论成果之精粹。介绍外国理论的意义自不待言。《故事的歌手》翻译者尹虎彬曾在哈佛大学研修，聆听过洛德门生的课程，进而与他们有来往。据说该书翻译过程中遇到的诸多难点，也与他们多有讨论。这也是国际学术合作的一个生动范例。

（原载于《中国图书商报》2004年8月20日）

哭虎彬

我的好兄弟尹虎彬今天上午走了,突然离开了我们大家。他应该是带着对生的眷恋和对亲友的不舍上路的吧。

得知虎彬身体欠安已有不少时日,一直想着冬去春来,定会大有转机。但大家都没有意识到,他的病是如此的凶险。病魔步步紧逼,没有给他驻足喘息的机会,让他离去的步履这么匆匆。

大疫压城的当下,人们都宅在家里,主要靠手机互通音信,病床前探望几无可能。即便是没有疫情阻隔,虎彬也是个特别不愿意给人添麻烦的人。于是,数月之间,检查、治疗、手术等环节,都被他小心地保密着。辗转闻讯想去探望的同事、好友、弟子等,也都被他一一婉拒了。大概是怕大家担心,他在电话或微信中连自己罹患重疾都一直回避不提;连回复人们关切的话,也格外小心地绕开了病情和治疗方案。就这样，大家为虎彬的身体揪着心，又不好冒昧打探他的近况。伏惟他能安心静养，尽快康复，好个彻彻底底，以待重整旗鼓，把酒畅叙。孰料猝得讣报，不胜惊愕，哀恸不已。感悼之际，转益歉仄，实难名状。

虎彬1960年出生于辽宁宽甸，朝鲜族人。1978年考入中央民族大学，本科毕业后留校任教。1984年，投师白崇人教授门下，成为民大第一批硕士研究生，攻现当代文学，又得马学良先生等大师亲炙。1987年，他进入中国社会科学院，就职于少数民族文学研究所（后更名为民族文学研究所），直到2014年冬天调入民族学与人类学研究所。在职期间，他还考取了北京师范大学钟敬文先生的博士研究生，攻民俗学；钟老辞世后，他便转到刘魁立老师名下。他在治学历程中，屡遇名师大家，眼界自是不凡。他在中国社科院工作了30多年，入职时是27岁的小伙子，骤然离开时，还没满60周岁，让大家抱终天之恨，呜呼哀哉！

我是早虎彬一年进入民族文学研究所的。因年龄相仿，业务方向接近，加上气味相投，共同话题就多，我们之间互动也就频繁些。那时，他在理论室，我在《民族文学研究》编辑部，但我们常常一起出差，到老少边穷的民族地区参加各种学术活动。那些年，赶上改革开放，学界思想极为活跃，"离经叛道"的想法时常蹦出脑瓜子，口无遮拦，谈天说地，好不快活。特别是难得遇上知己，把酒临风，更是豪情满怀。

我俩原本都是闲散之人，后来渐渐受人赏识，委以职责，日子就慢慢不似先前那般轻快了。他先是做理论室副主任，后来成为主任，再后来成为所长助理，再升副所长，分管的事情头绪渐多。在我们研究所班子里，汤晓青早我一年来研究所，尹虎彬晚我一年。我们就是一茬儿人，所思所想接近，"八荣八耻"一致，做事一派和谐平顺气象。无论是在当时，还是在后来，无论是在社科院，还是其他机构，这种情况都不是很多见的。虎彬对班子工作和研究所工作的支持，那是全方位的，完全彻底的，不计得失的。说到这里，殊为遗憾的是，年前联系虎彬，想约个时间去看望他。此前就知道他身体有恙，几次说要过去聊聊，每每被他借口岔开。这次他没有直接推却，只是说汤晓青也要过去，不如年假时从容安排一下。这个提议原本不错，可惜由于疫情阻隔，永远地失去了晤面的机会。

虎彬调到民族学与人类学研究所后，任副所长兼纪委书记，还担任《民族语文》主编。那以后虽然有过聚首，但彼此见面的机会就少了。在院部开会时碰到，多是寒暄，少有机会从容说话。他调去的研究所是大所老所，人多、摊子大，有不少棘手事儿，耗费他不少时间和精力。尤其是这些年来，纪检工作的繁重和吃力，是大家多少能知道的。有时候看到他，就觉得他清癯的脸上挂着些许倦容。到新单位打开新局面不易，虎彬却能做得很好。所里几宗民主投票推举贤能，他都得到高票，说明他的人品和能力得到了大家的认可和推崇。

虎彬和我都有作家文学研究的底子。我偶尔弄弄老舍和张承志，他更醉心于当代文学评论。没承想，我俩先后脚都转去研究民间文艺学了。他先考取了哈佛燕京学社，我翌年尾随而至。我到波士顿康桥时他尚未回京。

在我落脚的灯塔街的百年老房子里，我俩常聚，弄一点简单吃食，痛饮当地 Somervelle 酒厂的威士忌。回国后，我们协力提倡"帕里-洛德理论"和口头传统研究，种子便是在那时种下的。他后来沿着这个方向写了不少文章，著作有《古代经典与口头传统》，译作有洛德的《故事的歌手》等。坊间有"口头传统四大金刚"之说，他名列其间，说明了他在研究方向上的特点。从哈佛回到北京，我们都计划重新回炉，调整专业方向。他先于我去哈佛燕京走动，我先于他考入钟门读书。我俩还先后参加了芬兰国际民俗学者暑校（FFSS），得到弗里、杭柯、斯卡拉等学界巨擘的熏炙。总之，有意无意地，我俩在专业追求上是越走越近了。于是，合作撰写教科书和工具书的章节、联合署名刊布理论文章，也就顺理成章了。

去燕京之前，虎彬还去了朝鲜。他去金日成综合大学研修，得到学校当局的高度重视。他只身在平壤度过了一年。因为生活质量好，还规律，让困扰他多年的胃病大为改善。说起来他颇得意，好像捡了大便宜一样。后来他又携眷去日本研习，对日本文化和学术有了颇多切近了解。他原本就谦和多礼，日本的生活经历似乎对此有所强化。

虎彬虽为人极谦和，但学术上却一向不含混，颇有理论锐气。他视野开阔，能博采众长。他阅读的书籍范围，远超本专业领域，这就很难得。在少数民族学者中，像他这样写一手好字的，很少。他的毛笔妍丽，硬笔遒劲，风格上清秀俊朗咸备。他喜欢启功先生的字，仿写颇能得其韵致。我知其所好，送过他一册启先生的字帖。说起写字来，都知道他书包不离身，里面永远放着本子和一个精致的笔袋，笔袋里装着十来支笔，有钢笔、圆珠笔和铅笔等。他酷爱做笔记，各种会议和讨论下来，没有人比他记录得更全。他还爱用不同颜色的笔，把记录稿标注一番。旁人看着花花绿绿的，他自己倒是乐此不疲。

他悟性好，读书不拘一格，做学问游刃有余，尤其是触类旁通、举一反三的能力超拔，但落笔时总是比较矜持。在我看来，他一个很大的优长是有老派文人的味道。随性作文，笔意畅达就开心。较之那些周密盘算操弄着问学以求闻达的学者来，他的素净、内敛和率性，要可敬得太多太多。他对民俗学和少数民族文学学科的贡献，不是三言两语能说清楚的，眼下也不是合适的时候，另外找机会总结吧。

上午传来噩耗，一直心神恍惚。虎彬的音容宛在眼前——利落的装束，谦和的笑容，稔熟的话语，让我等难以忘怀，心境也难以平复。虎彬家人遽遭此大故之哀痛更是可想而知的，实乏适言相慰，万望节哀以应变，珍摄再珍摄，是所至盼。

三月的春寒依然料峭，大家翘首期待的重聚竟成为永诀。开箧摩挲遗念物，倚空遥目送远人。虎彬，我的老友，我的好兄弟，一路走好，我们大家永远怀念你……

（2020 年 3 月 13 日）

文史杂说

民俗传统与都市生活

我今天发言的题目叫《民俗传统与都市生活》。

先说什么是民俗。通俗地讲，民俗就是民众的风俗习惯。中国民俗学之父——钟敬文先生早年曾指出，民俗是民众文化事象。那么，传统民俗与当代生活，特别是当代都市生活之间有什么关联呢？或者换句话说，传统民俗能够为今后的都市文化建设发挥什么样的作用呢？对这个问题的粗浅的回答，就是我今天在这里想要围绕北京这座都城讨论的。

放眼世界，我们看看在不同的国度中，在不同的文化传统中，什么样的都城是令人羡慕的、赞赏的乃至流连忘返的呢？可以肯定地说，是各种各样的历史文化名城。一个城市，若是没有历史，没有传统，也就没有味道。一个历史短浅的城市，可能自然景观非常漂亮，令人赏心悦目，但那顶多可以说是个美丽的城市，远远够不上是座伟大的城市。伟大的城市，各处矗立着建造于不同历史时期的建筑，它能让我们穿越时空走廊，感受不同时代的样式、风貌和气度；伟大的城市，都是浸透着深厚文化的城市，那里人们的精神风貌、行为方式、生活习惯，乃至饮食文化，都在经年的传承中，形成了一些特有的范儿，让我们能够轻易感受到这座城市所独有的韵味。

所以说，城市文化中最重要的是两部分：城市的有形建筑和无形精神。关于有形的部分，不是我今天要讨论的话题，暂且不说。关于无形文化，我想从几个方面稍稍加以阐释。先说无形文化大体上是指哪些内容。北京有两千多年的建城史和八百多年的建都史，这是今天的北京文化特色的底子。历史学家赵世瑜说："作为历史文化名城的北京，在元明清时期就形成了以北京为中心的畿辅区域体系，在文化上，也形成了京城、京郊、京畿三个相互关联的文化圈。在这些文化圈中，宫廷文化、士大夫文化，与民俗文化形成多向流动，成为京畿地区的文化特色。"无论建设大北京，还是研究北京文化，都不应脱离对京畿文化的探讨。说到这儿，我们明白了两个问题：第一，北京的文化，是指宫廷文化、士大夫文化和民俗文化。这三种文化一道构成了北京城的文化景观，缺少了哪个方面，北京的文化图景都是不完整的。第二，旧时的北京，不光是指老城墙里面这块儿地方，今天的北京，更不是三环、四环乃至五环之内的区域，而是包括了京城、京郊、京畿三个相互关联的文化圈。今后，北京无论发展成什么样，多么现代，多么具有国际大都会的主要特征，我们每个人都不希望它是与传统割裂开来的。从另外一个方面说，在北京都城文化建设和发展的讨论中，不能不珍视北京在漫长的历史发展中形成的独具特色的文化。特别是其中的一些事象，已经成为广为人知的北京文化名片。或者按照一些民俗学家的说法，叫作标志性文化。我们在老舍和其他京味儿作家的作品中，无数次领略过京味儿的巨大的持久的魅力。

作为一位民俗学者，我今天主要从民俗文化，特别是民族传统文化的角度，探讨一下在北京今后发展的设计中，尤其是在政策制定的环节，如何将北京地域文化的特色，作为一个应当大力保护和弘扬的遗产和文化标志纳入设计之中，从而令北京的今后发展，具有历史的传承感和连续感；令长期生活在这里的人们，对它有情感上的归属感、文化上的认同感和地域上的亲切感。

民俗传统，涉及生活的方方面面，蔚为大观，大家都有了解。且不说京城叫卖声，传统的饮食起居，年节习俗，人际关系，官民做派，光是传统民间工艺，从庙会上铺天盖地的兔儿爷，到精美绝伦的"葡萄常"工艺，就能举出多少来！再说地界儿，前门外、大栅栏、琉璃厂、天桥、厂甸、牛街、同乡会馆等，都满是故事和传说。出城向西，沿永定河两岸，那些山道民谣、五十八村龙王大会、妙峰山庙会、京西幡会等，都是些标志性的文化。今天的北京，金融街、CBD、无线宽带、电子商务，地铁和地面的交通网络，火车和航空港，中关村高新技术园区，众多外国驻华机构和组织，林立的高楼，各式新型的住宅小区，都给人们国际大都会的印象。不过，我们也不断听到各种抱怨。水泥的森林让人与人之间的疏离感成倍增加；快节奏的生活方式令休闲和体会都市生活的意味成为"奢侈品"。于是有人说，年味儿淡了；有人说，老北京的老字号逐渐减少了，不少老派的营生淡出了我们的视线；还有人说，现在街坊邻居的关系不像从前那么温馨自然了……总之，今天的生活不像从前，可以有那么多让人回味和惦记的内容。

都市生活和农村生活都在发生着翻天覆地的变化，这些变化是不是都是事有必至、理有固然呢？我觉得不见得都是。我们今天遇到的社会急剧变迁的问题，如何对待传统与如何发展自己的问题，在世界上的其他地方，以这样那样的方式和这样那样的心态，都出现过很多次。拿德国来说，在日耳曼民族刚刚开始工业化进程的时候，是赫尔德、格林兄弟这些人站出来，开始大力抢救和搜集记录日耳曼民间故事和诗歌。他们认为，真正的日耳曼民族精神，就体现在这些来自民间的文化传统中。当时新兴的资产阶级背弃了自己优秀的文化传统，因而他们不能成为文化发展方向的代表。当时的德国在民间文学、民间文化的抢救和保护方面，在传统文化的研究方面，都走在了前面。在英国，关于研究民俗知识的学问——民俗学产生于19世纪中叶，也是由于当时的知识界精英们意识到，在英格兰这片土地上,传统文化事象在日渐远去,应当开辟一个专门的学术领域,集中研究那些纷繁的传统文化事象,并且把这些事象统一放在一个叫"民众的知识"的学术篮子里。

今天的英国仍然是深具传统的国家,不仅在国体上,王室得以保留和发挥作用,在伦敦一些历史街区,连照明的路灯还坚持在用老旧的煤气灯,以凸显其历史感。再回到亚洲,在20世纪的日本,民俗学的发展呈现出相当活跃的态势。日本从明治维新之后,在如何保持本民族传统与带领国家迈向现代化方面,探索并实践了一条颇有特色和成绩的径路。今天的日本,新干线和老建筑,西服与和服,西餐与日本料理,西方文明理念与传统思想体系,形成了奇妙的整合和共赢。在日本的大都会中,这种混融性的特征愈发鲜明。因为不能脱离一个国家发展的大视野来谈论一个城市的发展,所以我上面极为简要地提及几个我认为可以作为样板来参考的国家。

回到北京发展和建设的话题上来。我觉得21世纪的新北京,不能是一个与文化传统断裂开来的北京,不能是一个没有历史感和地域文化特征的北京，一句话，北京人不能栖居在一个没有了魂儿、没有了味儿的都城中。那么，怎样重新复兴老北京的魂儿呢？基本上说，很难从宫廷文化上接续根基了，也在很大程度上无法从士大夫文化中搭接这根文化的脐带了。我认为，应该从民俗文化中搭接上文化的脐带。北京文化堪称历史悠久，内涵丰富，特征鲜明，是极为难得的宝藏，它们不仅不是前进道路上的障碍，反而会成为今后更好发展的助推剂。只要利用好这些资源，北京就会成为更有价值的宝地，成为各国人民争相前来一睹风采的历史文化名城。

在这里，给城市的管理者们奉上几点建议，希望能有些许作用，有助于打造都市文化品牌、树立都市形象。一些其他国家和地区的成功经验，应该成为我们的参考和借鉴。我这儿捋出几条和大家商量：

第一，摸清家底儿。在联合国教科文组织关于抢救和保护非物质文化遗产的工作框架中，就有立档、抢救、保存、保护、传承、研究、宣传、振兴等这么一些工作环节。建立较为完备的档案，是一切工作的基础。以我所了解的情况看，北京市在这方面的工作开展得不错，当然也还有提高的余地。历史街区、老字号和老品牌、传统风俗习惯、特定文化活动空间（比如庙会）、特殊的工艺美术、表演艺术（比如子弟书、京韵大鼓）等，哪些需要抢救和整理，哪些今天已经基本消亡，需要通过博物馆和陈列馆的方式予以保存，哪些可以通过特殊扶持还能焕发新的生机，需要细致地调研和小心地论证，需要政府的力量、学界的支持和民众的参与，这三方的合力，缺了哪个方面事情都可能走样。

第二，广泛参考国际上的成功经验。各国在都市的建设和发展中积累了大量宝贵经验，各国制度和文化传统不同，那些经验不见得都适合我们，但是取精用宏、博采众长倒是我们应该有的态度。设若北京的城市硬件规划和发展思路在几十年前就能广泛借鉴其他国家的经验，我们得少走多少弯路？今天，在城市文化的设计上，依然需要广泛参照各国各地区的成功经验。哈佛大学旁边的哈佛广场上，连开哪一类餐馆都有限制，就是为鼓励文化的多样性，限制连锁快餐业对老字号和特色餐馆形成冲击。

第三，京城和京郊、京畿地区的协同发展，乃是北京需要长期考虑的问题。京郊和京畿地区不仅是为城市涵养水源、消化垃圾用的，它还是为城市发展预留空间，为城市生活提供某些转换的重要区域。在未来的发展中，京郊、京畿地区的作用会逐渐凸显出来。从国际大都会的发展经验看，京郊、京畿地区的远期发展前景，将会变得越来越举足轻重。

第四，都城文化中的取舍，应当充分听取民众和专家的意见。北京鞭炮的限制性燃放措施，就是成功的例子。广泛听取民意，同时尽量随着现代都市生活的新环境和新条件，大幅度降低传统民俗活动的潜在风险，应当是今后对待许多民俗事象时应当采取的措施。社会管理的策略之一，也在于将某些争议的决定权下移到民众当中去，培育与决定权相配合的民众的责任感，尤其是某些移风易俗的举措，若是经由民众广泛参与并经适当程序决定，其效果就有助于社会和谐稳定，也有助于降低民众与政府潜在的或直接的对立情绪发生的概率，这也是一种为政的智慧。

第五，要高度重视本地的民俗传承。它们所拥有的直接的和潜在的价值还远没有被人们认识清楚，它们是当地人民长期创造和传承的文化血脉，是某种特殊载体，能够生动呈现和反映地方的特殊历史进程和民众的情感经历、审美倾向、伦理道德等方方面面的观念和情感，传递着该地方民众的集体性格和精神气质。

第六，由于民俗文化的多向性和复杂性，对于不同文化的特质和要素的传承，也就没有一个一劳永逸的解决方案，需要根据具体文化事象，采取各不相同的工作路径和方法。有些文化事象，像民间工艺的某些类型，具有生产化前景和市场化条件的，可以顺水推舟地鼓励和振兴；有些艺术门类，今天振兴的条件还不具备，需要耐心培育消费市场，需要逐步引领它们走上健康发展的轨道；有些文化事象更属于昨天文化的折射和投影，需要根据不同的情况，做好资料档案的抢救和保存工作；有些文化事象有助于培育民众特别是青少年的道德情操、艺术鉴赏力和手工技能，则可以通过制度化的安排，成为体验式教育的一项内容，培养孩童动手能力，或者成为美育教育的一项内容，增加儿童的审美能力；等等。

总之，北京拥有丰厚的历史文化传承，充满活力和创造力，这座大都城的明天一定会因为承续了昨天的美好而更具魅力！

（原载于北京民俗博物馆编《北京民俗论丛·第1辑》，北京：学苑出版社，2013年）

苍狼与白鹿的子孙

成书于13世纪中叶的、由草原史官们编写的《蒙古秘史》中记载，蒙古人的先祖，是天生一匹苍色的狼，与一只惨白的鹿相配，共同渡过腾汲思河，来到斡难河的源头，在不儿罕山脚，成吉思汗的先祖巴塔赤罕出生了。后人说蒙古人以狼和鹿为氏族图腾，都是源于这个古老而优美的传说。

狼和鹿这两种聪慧、雄健和优雅的灵物，早年间必定在蒙古人的心目中，有着非凡的地位，受到他们虔敬地膜拜。可惜，人们为什么尊崇它们，今天已不容易说清楚了。如果允许我——一个常年居住在都市中的蒙古人冒失地猜测的话，我宁愿说，蒙古人性格气质中的某些东西，确实有着狼的凶猛和隐忍，也有着鹿的机敏和欢快，这或许就是他们喜爱狼和鹿的缘故。

蒙古族堪称伟大的民族。在漫长的岁月中，他们出色地适应了蒙古高原的生态环境和气候条件，发展了顺应北亚干旱草原的牧业生产技术和精神文化。游牧文化不仅让这个民族在严酷的环境中生存下来，而且还让他们对世界历史施加了巨大的影响。杰弗里·巴勒克拉夫主编的《泰晤士世界历史地图集》中说："他们征服的规模无与伦比，从德国东疆到朝鲜，从北冰洋直到土耳其和波斯湾，甚至还想跨海侵略日本和爪哇……亚洲和大部分欧洲的政治组织都变换了。许多地区的人民被灭绝或四散，永远改变了其种族特征。世界主要宗教的分布和力量也发生了变化。"[1]在长期的狩猎与游牧的锻炼下，在严酷的自然环境的磨炼下，在传统的"好汉三项比赛"——赛马、射箭、摔跤惯制的激励下，蒙古人一度成为世界上出名的骁勇善战的民族。他们有着卓越的军事组织才能，以至在相当长一段时间里，世界不仅为它神话般的崛起惴惴不安，而且相信它是不可战胜的。罗马教廷和法兰西皇帝寝食难安，纷纷修书遣使，试图

---

[1]《泰晤士世界历史地图集》第128页。

了解这个风暴般席卷欧亚大陆的草原帝国的动向和意图。威名远播、业绩辉煌,是对这个庞大帝国的最好形容,它的后人也因此生出无尽的慨叹。

在蒙古人的精神世界里,起初有着对长生天(腾格里)的崇拜和敬畏,有着对介乎人与神之间的"博"(萨满)所操演的神秘仪式的笃信,也有着对大自然的热爱和对自然规律的深刻体悟和恪守。再后来,藏传佛教成为蒙古人宗教信仰的重心。烈风中飘扬的经幡,引领着他们的灵魂走向圣洁的佛国。诵经的声浪渐次高涨,终于压倒了战马的激越嘶鸣。他们的精神风貌,从此一变。

在民间,蒙古人的口头传统延绵不绝,传诵至今。那些关于草原英雄和他们赫赫战功的颂歌,凝结在卷帙浩繁的英雄史诗和大型叙事诗里;那些关于生活本质和人生理想的体悟,沉淀在赞词和颂歌、好来宝和胡尔故事里,使人们能够领略到这些质朴民众的诗性智慧的熠熠光芒。这些口头艺术在语言造诣上,在意味隽永上,在想象瑰丽上,都堪称绝世精品。他们的火不思琴和马头琴的创制和演奏技巧,他们悠扬的长调和技巧高超的"呼麦"演唱,向人们展示了这个民族艺术才能的小小一角。

蒙古人的智慧和创造力,体现在他们生活的方方面面。这些被概括为"地方性知识"的范畴所达到的水平,令人惊讶。他们是最好的牧人,在脆弱的生态环境中,在索取与呵护之间,巧妙地维持着平衡。茵茵草海,就是证明。他们的创造力,体现在小到服饰、用具、饮食和起居,大到哲学、数学、天文学和文学等的伟大成就之中。

在对待生和死的问题上,最能体现他们的豁达。从成吉思汗到元朝历代帝王,迄今未发现一个陵寝。仅成吉思汗一人,一生"灭国四十"。一些找墓葬者算定其陵寝必有海量珍宝随葬。他们不会知道,蒙古人的观念,是来到世间,便走一遭,做自然之子,行大丈夫事。死去便该魂魄归苍天,躯体作泥尘。万事俱休,何须随葬品环绕,香火供奉?不能追随他们的精神,如何能追索他们的踪迹?

简而言之,蒙古人是看重传统的,也有开放的气度。跌宕起伏、悲喜交加的历史命运,熔铸了他们的民族性格，也指导了他们的未来走向。他们在历史的画卷上涂抹过浓重的色彩，书写过宏大的篇章。今天，新的生存环境要求他们以更大的勇气和智慧去面对。

（原载于《DEEP中国科学探险》2006年第7期）

乌兰乌德散记

正当北京开始酷热难耐时，我们乘国际列车北上，穿过蒙古国，来到乌兰乌德。它是俄罗斯联邦布里亚特共和国首府。它夹在两座山脉——哈马尔达坂山和查干达坂山之间的谷地上，又濒临色楞格与乌达两河的汇合点，真可谓山环水绕的好去处。它建于1666年，1783年为上乌金斯克镇，1934年更名为乌兰乌德。

一下火车，我们就被热情洋溢的笑脸包围了，但接着问题就来了：负责外事接待工作的姑娘不会讲布里亚特语，这是蒙古语的方言之一，这种方言我听着相当吃力，但不十分影响交流。她也不会讲汉语，而我的俄文水平停留在磕磕巴巴读字母的阶段上。最终不知是哪一方说了国际学术界最常用的英语，双方长吁一口气，总算能畅所欲言了。

我们是应俄罗斯科学院西伯利亚分院布里亚特研究

所之邀，前去做学术交流的。因都是常年做人文科学工作的，自然留意布里亚特人的历史文化诸方面。有几件事情印象很深，颇可一说。

蒙古族是跨境民族，布里亚特是最北的一支。300余年前的1689年，根据《中俄尼布楚条约》，该地由清政府割让给了沙俄。这300年来，他们在许多方面受了俄罗斯文化的影响——在乌兰乌德，你找不到有鲜明民族风格的建筑，从服饰上也难以将他们与其他民族区分开。

然而他们却近乎奇迹般地生存下来，维护着自己的传统。他们顽强使用着母语，坚持着艰辛而又自由潇洒的游牧生活。才30多万人的一支血脉，历经数百年冰雪风暴的摧残而不垮，他们靠的是什么呢？

他们珍视传统。科研单位在经费空前匮乏的情况下，居然挤出大笔钱修建新图书馆资料库，以使多年珍藏的大量蒙文佛经、手抄本文献得到更为妥善的保存。学者们安心于民族文化遗产的整理研究，而将工资拖欠、生活水准下降置于脑后，这使我们肃然起敬。后来，我们发现那里的老百姓也不含糊。一套上、下册的1988年出版的民间史诗《格斯尔》，原价六个半卢布，现在黑市上要近千卢布，还不一定买得到！这类民间文学的出版物，不仅印刷装帧精美，有的还配有唱片，读者可以同时欣赏到民间艺人的演唱。

他们不仅重视精神财富，也重视物质财富。布里亚特民俗博物馆建在山坡上，保留了一些典型的沙俄时代布里亚特人的民居建筑。据介绍，有些建筑是整个端过来安置在这里的。那种一丝不苟的科学态度真令人难忘。这里还有环贝加尔湖其他民族的形态各异的民居，均按其习俗建在山坡上或树丛中。

这里与中国的历史联系，可谓是千丝万缕。栋国人皆知的事件：汉使苏武出使匈奴，遭匈奴单于扣留并流放牧羊的"北海"，就是乌兰乌德旁边的贝加尔湖。今天的布里亚特人也很关注中国。我见过不止一个会讲汉语的布里亚特青年。随着中俄两国边境贸易的活跃，双方的各种往来也多起来。听说在乌兰乌德就有个专卖苏联纪念币的市场，人民币也可以使用。至于去种菜的中国农民和做买卖的"倒爷"，他们已司空见惯了。特别应记一笔的是，在布里亚特每年一度的传统民族活动"那达慕"上，除了必有的"好汉三项比赛"——赛马、射箭、摔跤，以及俄罗斯文娱活动外，竟有个汉族儿歌合唱节目，小演员们一律汉族装束，歌词吐字也清晰。正疑惑间，人们告诉我，那都是当地儿童。

地处西伯利亚，便容易让人想到蛮荒、寒冷、萧索等字眼，想起俄国十二月党人和共产党人的被流放等。可这里的7月倒真是美极了。我们在贝加尔湖畔住了4天，饱览了这著名大湖早晚、阴晴中景致的不同。我们在贝加尔自然保护区的密林山岗间穿行，感慨这里动植物资源的丰富。我有种感觉，这贝加尔是西伯利亚的生命之源，是自然神灵在这里的主宰。一切所谓清丽、秀美，都与它无缘。还没接近，你就能听见它低沉的咆哮，感到它扑面而来的冷气。而当它终于出现在你视野中，不！应当说占满你的视野时，你没法儿不震惊——它哪里是湖？完全是大海！当地布里亚特人叫它"贝加尔达赖"，自然海的意思，倒是恰如其分。湖岸线向两侧延伸，极目不见尽头。沙石构成的宽宽湖滩，在阳光下闪闪发亮，诉说着千百年来被水浪冲刷的无奈。晴空碧水相连，茫茫无际，缓缓涌动的排浪上，几只水鸟上下翻飞。

谈到贝加尔湖的几大特点，不能不说：它大。湖长630多公里，平均宽48公里。湖岸线总长约2080公里。好容易看见点朦胧山影，一打听，是湖中岛。它深。最深处达1620米，是淡水湖的世界之最。又大又深，蓄水量自然惊人。全球表面淡水总量的五分之一就蓄积在这里！它河多。共有336条大、小河川注入。它凉。甭管天气多热，湖水都冰凉。七八月天气，你可以穿着泳装在岸边走走，就是别下去，下去非抽筋儿不可。晒一夏天，水表面温度才到13摄氏度。它山多。四周有高低错落的山峰峭壁环绕，有的高出湖面2100米，在虚实动静间展现出气势博大的美来。最后一条，它活物多。别看湖水的结冰期一年有5个月，不结冰时也冰冷，里面倒有1200多种动物和600多种植物，充满了生命活力。

去莫斯科的飞机腾空而起。我从机窗中凝视着乌兰乌德城，我对自己说，这里峻美的山脉，不息的河流，苍茫辽阔的贝加尔，和生活其间的伟大人民，使我对北亚的历史文化，有了一种直接的、切近的感觉。我真心祝愿这里的人们生活吉祥如意。

（原载于《中国之友》1993年第5期）

蒙古人的猎兔

蒙古人的狩猎活动，有极悠久的历史。他们的祖先就曾在北亚的山林地带，度过了漫长的狩猎岁月。后来虽然长期以畜牧业为主，但狩猎活动一直是牧人生活的一部分。这原因大略有二：一是狩猎是畜牧业的副业，可因之补充食物，利用皮毛，或以之交换其他用品；二是大型狩猎活动，从来就被认为是最好的军事训练。不仅是蒙古人，整个北亚的游牧民族在历史上都有这个传统。什么事情都一样，磨炼得久了，技艺就高超，分工也更细致。有多人参与的围猎，也有单枪匹马的独行侠。打猎的装备更是五花八门。至于方式，使鹰嗾犬，支网下套，无所不用其极。猎手也分三六九等。有经验的猎人，备有得心应手的坐骑，精心保养的快枪，见过世面的猎犬。这些人自视甚高，一般不去对付野兔黄鼠之类，丢不起那个人。而羊倌牛倌就没那么神气，搂草打兔子，捎带着有点收获，也就心满意足了。至于女人们在夏营盘的雨夜里，放枪赶走目光炯炯的饿狼，那已经不能算在打猎之内，纯粹是自卫了。

说起狩猎，人们往往想到捕捉、射杀虎豹熊罴。其实，最见功夫的，反倒是捕捉那些常见的，也相对易于得手的小动物。蒙古人的猎兔，就属此列。

猎兔说起来简单，实际上个中大有门道。在内蒙古锡林郭勒盟的大多数地方，可以见到这小动物忙忙叨叨的身影。冬天的清晨打开蒙古包的门，每每可以看见野兔在干牛羊粪码起的粪垛子旁蹦蹦跳跳。野兔体态轻盈，奔跑如飞，对付它们也不是件容易的事情。蒙古人使鹰猎兔的历史是很有些年头的，根据历史的记载，蒙古人驯养有大量的猎鹰。白海青是蒙古人最珍爱的一种鹰，据说是谒见成吉思汗的上等礼品。放鹰逐兔的场面应当十分精彩，可惜现在已不大见得到了。

另一法是使犬。若家里养着一匹细犬，就等于农村大婶养了一群生蛋的鸡。公社的合作社是收购野兔的，20世纪70年代中期的价格是一只一元二角，相当于牧民劳作一日的报酬。野兔灵巧机警，笨头笨脑的看家狗不容易追得上。但对于细犬来说，就是小菜一碟了。往往从发现到抓住，用不了三分钟。有经验的狗，还会设法将兔子驱赶到草木稀疏的山坡上去，不让它钻进洞里。上坡时狗们通常都不下手，只是紧追不舍。而一转到下坡，兔子因后腿长前腿短，跑得猛了就翻跟头，这时正是下嘴的最佳时机。被咬住的兔子，这时会发出一声脆叫。兔子还是旷野上鹞鹰食谱中的一道家常菜。这猛禽的利爪攫住兔子的一刹那，你也会听到这么一声。俗话说兔子急了也咬人，这我没有亲身体验，而兔子会发出临终之鸣叫，还是在猎兔时长的见识。在锡盟的南部，细犬不多。拥有的人家，也没想到繁衍了来挣钱。繁殖狗来创收，还是近年在城市里闹得凉凉热热的事儿。

还有一法，更简单省事。入秋之后，将细铁丝截成适当长度，一端挽成略大于兔子身径的圆圈儿，另一端找一束草根系好。这个机关设在何处就全看经验了。兔子出入极有规律，但是草原上动物的路径纵横交错，兔径往往与其他动物的蹄径混淆一处，不是高手是找不到的。何况下过百十个套子后，你也常常记不得都是在什么地方了。

在连当地人都会偶尔迷路的起伏徐缓的漫漫原野上，最不易找到标志物，更别说从草深叶密处找寻个把铁丝圈了。若不能准确地记住下套的地方，猎物没法及时取走，就会成为其他食肉动物的美餐。所以这看似容易的一招，其实也需要经年的磨炼才行。

在内蒙古的东部，还有一种猎兔方法，是用叫作"布鲁"的器物，布鲁也用来猎获稍大的动物。使用时有"扣打"和"投打"两种。扣打是指器物不离手，投打则很好理解，是投掷出布鲁击中猎物。布鲁有几种形制，但彼此间大体相同，是木制的，稍弯，顶端镶嵌金属箍或坠。要眼力、劲道和技巧俱佳。高手常在兔子跃起的一刹那将其击毙。非多年操练，不能得其要领。

用枪是晚近的事情。那个年代，只要出身没什么问题的中青年，在牧区都是基干民兵。知青宿舍里也多有枪。用枪打兔子，有点娱乐或体育的味道，又刺激又上瘾。因为枪法不佳，猎获物惨不忍睹，人家不收的，只好用来犒劳猎狗。牧民们则专找大雪后的黎明，骑了骆驼去打兔子。微微晨曦中雪地上的兔径甚是分明，兔子见了骆驼往往也不避走,可以从容令骆驼跪卧下,将枪架在前驼峰上,细细瞄准后再开火,个中高手百不失一。为枪声所惊的骆驼,待到抽前腿支后腿,站立起来之后,也就平静下来了。这是令其跪卧的缘由。这样半天下来,收获就十分可观。雪后还是猎狐的绝佳时机。出猎前的细犬要冻它半宿,出发时就会一蹦一蹿的。见着猎物,一声呼哨,只见一线雪尘划过去,追的和被追的转眼之间都会消失在视野中。好的猎犬,并不穷追不舍,而是左包右抄,经常是看似从半路里杀出来,于狐狸措手不及时擒获它。若是你有不止一只犬,它们之间会默契得令人惊讶,你马鞍的皮梢绳上,就会系上成串的猎物。训练有素的犬从来不会咬破狐皮,待到剥净才能见到那有着美丽皮毛的灵物,已被咬断了颈骨。这是题外话了。

兔毛很柔软,但易脱毛,故较少制成皮衣手套之类。兔肉虽美味,但牧人们是不大屑于煮食那么小的动物的。在稍大点的地方,如旗县的餐馆里,就可以见到卤制的野兔肉,在一片烟草和皮革的气味中,就着白干来上一碟子,颇是种享乐。于今回想起来,仍是余味无穷啊。

蒙古族文化生态保护断想

在蒙古族艺术传统当中，口头艺术（verbal art）是极为重要的一个门类。史诗、神话、传说、故事、谚语等，是它最具有影响力的样式。口头艺术的历史极为悠久，文字的历史与它比较就太短暂了。它涵盖面很广，几乎所有重要的文学体裁，都能够找到其最初的口头形态。它辐射面很宽，与其他艺术门类形成难解难分的关系，许许多多传统艺术得以传承，也都要依赖"口传心授"。

随着全球经济和技术的进步，随着都市化进程的加快，口头艺术比起其他传统艺术门类来，更加处于濒危境地，因为它的主要存在形态是"音声文本"（voiced text），更脆弱，更容易消逝。从另外一个角度说，也就是更难于开发和利用，更难于进行市场化和商业化操作。

今天演唱情形已经大为衰败了。从 1979 年开始到 20 世纪 90 年代，累计发现并记录在案的新疆卫拉特蒙古族江格尔奇能够演唱一个或者一个以上完整《江格尔》诗章的艺人总共有106位。

按出生年份统计：

1900—1910年 11位

1911—1920年 38位

1921—1930年 33位

1931—1940年 10位

1941—1950年 10位

1951—1958年 4位

按所隶属之部族统计：

土尔扈特（Torgud）有62人

厄鲁特（Ogeled）有21人

察哈尔（Chahar）有15人

和硕特（Hoshod）有7人

汉族有1人

按演唱诗章的数量统计：

25诗章：朱乃

18诗章：冉皮勒

6诗章，2人：托·巴达玛、加瓦

4诗章，2人：巴迪巴匝尔、哈尔茨哈

2—3诗章，33人

1诗章，67人（其中2人只会半个诗章）

按演唱者的性别统计：

男性：103人

女性：3人

按识字情况统计：

不识字：62人

识字：44人

据笔者1999年8月在新疆所进行的随机调查和对《江格尔》调查小组成员的走访，发现绝大多数列名于表格上的江格尔奇都已经陆续去世了。《江格尔》传承人数量锐减，已经是不争的事实。而且这些老年艺人在世的时候，也极少有机会演唱《江格尔》。从我所进行的抽样调查情况看，和静县江格尔奇钟高洛甫从被采录过一次以后，有将近20年没有机会再进行演唱。博尔塔拉蒙古自治州的几位已经去世的江格尔奇的后人回忆说，他们的父亲除了偶尔给子女表演《江格尔》以外，基本上没有经常性地给家人以外的听众表演。另外，历史上有职业化的江格尔奇，他们的演唱艺术水准高，社会声誉高，都有助于史诗的传播。而今天的情况则相反。

"口头诗学"（oral poetics）的法则探讨得很不够，这就深刻地影响了对口头艺术的理解和鉴赏。例如，口头艺术的传播通常在特定的"场域"中进行，具有特定的语域（register），并在漫长的传承中，形成了特定的"传统指涉"（traditional referentiality）。当荷马形容某位优雅年轻的女性用"肥胖的手"做某件事情的时候，我们往往认为荷马"不恰当"地使用了这个片语。其实，在古希腊史诗传统中，"肥胖的手"意味着"英勇地"。这种传统性的指涉，是不容易通过阅读文本就能明白的。也就是说，口头诗歌的阐释，更多地依赖于该诗歌传统所植根的那片文化土壤，而不能仅仅依据对文本本身的字面分析。这种情况，在我们国内许多民族的诗歌传统中，都可以观察到。以蒙古族史诗而论，我们会发现其中有很多让"读者"感到突兀的表述。而这些表述，对于有经验的"听众"而言，则根本不是问题。也就是说，那些史诗的受众，那些置身传统中的信息接收者，当然知道怎样理解这些片语背后的传统指涉。

口头艺术是口头传统中的最重要部分。整个口头传统又是无形文化遗产的最重要部分。当前世界受到一系列浪潮的涤荡：全球经济一体化，文化"标准化"和文化整合效应，传统村落的城镇化和都市化，区域冲突和移民潮，旅游浪潮和媒体影响，现代教育制度对人们知识格局的改变，这一切都深刻影响着当今世界的总体文化面貌，传统文化迅速被人们遗忘。有鉴于此，联合国教科文组织近年形成了若干重要文件，制定了"人类口头和非物质文化遗产代表作"申报制度，呼吁各国政府和非政府组织抢救和保护口头和非物质文化遗产。与此相呼应的，联合国教科文组织还先后通过了《世界文化多样性宣言》(2001年11月2日)和《保护非物质文化遗产国际公约》(2003年10月17日)，号召全人类形成共识，保护人类文化的多样性（universal cultural diversity），"采取措施，确保非物质文化遗产的生命力，包括这种遗产各个方面的确认、立档、研究、保存、保护、宣传、弘扬、传承（主要通过正规和非正规教育）和振兴"。联合国教科文组织强调说，文化生态的多样性，是人类可持续发展的重要前提。无论从哪个意义上说，文化生态的保护，在迫切性和重要性上，一点都不亚于对自然生态的保护。对这一点，目前公众和有关的政府职能部门还没有足够的认识，因此在文化政策的制定中也存在着一些问题。

作为一个以少数民族文学和文化为主要研究对象的学术机构，我们在长期的研究实践中深刻地体悟到，传统民俗文化蕴藉深厚，源远流长，不可穷尽。选取某些地域性、族群性、支系性的文化传承，纳入制度化的发展规程，逐步加以有计划、有步骤、有重点的学术管理和文化经营，以点带面，作为文化多样性保护的样板，从而进行长期的形态学和类型学的定点追踪研究，不仅可能，而且可操作。我们把此类遴选的"点"，称为"田野研究基地"。它应当在学术机构、地方政府和其他社会力量合作的基础上运作。建立这些基地，我们的考虑是这样的：把民间智慧的结晶，从原生的土壤中采摘出来，置于我们的档案资料库或者博物馆中，成为死标本，这还不是保护，也远说不上科学。用个比喻性的说法，"活鱼儿是要在水中看的"，我们只需科学地观察、忠实地记录和实证地分析研究。经过较长时期的经营，就能够对社会经济文化急速变迁中的各民族文化传承，形成高质量的、立体的、多角度的投影。研究基地的选取和开发，当是资源整合的结果。一些初级资料工作和宣传工作，可以由地方机构、本土学者和相关人员完成。这同时为我们的学术界和社会逐步认识"地方性知识"的文化价值奠定了基础。研究基地的经营，是资料工作和研究工作的结合，是文化生态的保护和开发的结合，它有助于纠正学者在书本中兜圈子的偏差，有助于加强学者解决实际问题的能力，也有助于推动地方政府部门和各界对遗产保护工作的重视和投入。

研究基地的规划，符合晚近国际学术界的发展趋向。一个文化模型的研究，或一种学术范型的建立，只有经过反复查证，形成既是历时的又是共时的深度描述，才能够为学术界承认和接受。对"文本"和"语境"的同样关注，是晚近国际民俗学和民间文艺学的发展趋势。文化事象内涵复杂、形态各异，对其进行解读，就需要对那些外显要素背后的传统指涉有深入了解。缺失了其赖以生存的生境，缺失了对其深层语法的把握，局外人往往会产生大量误读，这对于文化生态的保护和研究，十分有害。而研究基地的建设对克服这种偏差有纠正之功。文化生态的经营，不能仅止步于搜集、整理和研究，更需要在原来的生态环境中加以跟踪观察和保护。中国少数民族口头传统的基本分布范围大多属西部地区。同世界上许多国家一样，我们也面临着如何在发展经济的同时有效保护口头和无形文化遗产的挑战。在此进程中，抢救和研究各民族的文化生态，对保护人类文化的多样性，促进社会进步、民族平等、文化沟通等方面具有不可替代的作用。

从 2003 年开始，我们研究所正式启动了"口头传统田野研究基地"项目。我所经实地考察，已正式签约了三个试点基地。以其中内蒙古通辽市扎鲁特旗基地为例，可以说明文化生态保护的操作规程和内涵：那里是蒙古族"博教"（萨满教）保存最好的地方，是"安代"舞的发祥地，同时是蒙古族"本子故事（一种乐器伴奏的说唱艺术)"的摇篮，拥有丰富的蒙古族口头传统，并产生过说唱大师琶杰、毛依罕和扎纳等人，因而是保护和研究蒙古族口头传统的绝佳地方。当地政府非常重视民族文化的保护、建设和宣传，但相关研究和对外宣传力度不足，大量的口头传统濒临消亡。我所经过20多年的发展，科研队伍整齐，数字化的口头传统档案库正在建设中，加之以往对该地区已有整体考察，就为双方的合作奠定了很好的基础。我所不仅可以对扎鲁特旗文化，尤其是口头传统进行全面和深入的研究，也可以对扎鲁特文化进行更好的保护和宣传。根据合作协议，扎鲁特旗人民政府将提供扎鲁特文化资源的信息源以及多方面的地方协作，并为我所科研人员进行实地的田野调查和研究提供具体协助；我所依托自身的科研力量，主要通过互联网来宣传和介绍当地的自然景观、人文景观、历史沿革和当前风貌，扶持和帮助扎鲁特旗的文化建设和对外宣传，长期开展关于扎鲁特文化的系列科研工作。我所将陆续派出研究人员赴扎鲁特地区蹲点，对当地文化和口头传统进行实地调查和跟踪研究，进而对调研成果进行数字化管理和保存，并充分运用出版物和网络媒介等手段，对扎鲁特文化及研究进行全面宣传。其他基地建设也按照相似的思路进行。

需要强调的是，研究基地的建设，将成为我所学科制度化的一个重要步骤。这不仅不会影响现有研究课题和我所的长期发展规划，反而会更好地促进我所学术的健康发展。一个以民族文化为研究对象的专门性机构，没有若干这样的"根据地"，其学科建设就如同是建立在沙滩上的危楼。我们研究所以实地的田野调查和长期的学术跟踪研究为技术路线，经过若干年的不懈努力，已经逐步建立起了"资料库"和"研究基地试点"，不久的将来还将根据我国文化建设的方略，进一步在各研究基地增设"双向培训项目"（学者培训与民间传承人培养）。有了这四梁八柱，我们的学科，才能说有了稳固发展的基石。眼下正在积极推进的"研究基地"项目，旨在成为创建各民族口头和非物质文化遗产保护和长线跟踪研究的成功范例，形成一种新型的各民族口头传统的研究模式，具有在学界相关平行学科中进行推广的学术价值。可以展望，本项目的实施，将极大丰富人们关于口头传统、史诗艺术、民间表演艺术、地方知识,乃至书写传统的认识,对推动我国民族文学、民间文艺和口头传统的研究与教学,与时俱进地使我国保护人类文化多样性及抢救民族民间文化遗产的工作落到实处,都具有重要的战略价值和现实意义。

(原载于《传承·草原文明之窗》2005年第2期)

《卫拉特法典》小议

《卫拉特法典》是1640年由卫拉特和喀尔喀蒙古人为了加强内部团结,共同抵御外侮,以及稳定封建领主统治秩序而制定的法典,它随即成为当时漠北、漠西蒙古族各部共同遵守的法律准则。

《卫拉特法典》的内容驳杂,涉及政治、经济、军事、文化、制度、宗教信仰、民间习俗等诸多方面,是我们研究那一个时期蒙古族社会的重要文献。

作为政治盟约,《卫拉特法典》的宗旨是整顿内部秩序,消除历史隔阂,加强团结,共同抗击外来入侵者。《卫拉特法典》开篇便规定,对内,漠西漠北的蒙古族王公,不得擅自挑起事端,发动战争,彼此掠夺人口和财产,违者处以重罚。《卫拉特法典》确立了以大局为重,尊重现状,不纠缠历史问题的政策,以协调部落之间的关系。对外,各部在抵御外敌时要同仇敌忾、同舟共济。例如规定当外敌入侵时,踊跃出征者奖,畏缩不前者罚。与敌交锋中,临阵脱逃者,上自王公,下至平民,都要受到极重的财产处罚和着妇人上装的羞辱。相反,若是作战勇猛,从危境中救出王公贵族者、救援同伴者、从敌人手中夺回被掠牲畜者,都可获得奖赏。蒙古民族的骁勇善战和尚武精神,在这部法典里得到充分体现,并得到了法律形式的确定。

《卫拉特法典》确立喇嘛教为蒙古族各部共同信奉的宗教,并给予高级僧侣以优厚的待遇,使他们拥有相当的特权。例如,与高级僧侣发生口角,或辱骂高级僧侣的人,要罚81头牲畜;辱骂下级僧侣的人,罚45头牲畜;等等。

《卫拉特法典》涉及社会生活的方方面面,与内蒙古草原上世世代代流行的习惯法有着直接的承袭关系,也因而带有生动的"马上行国"的气息。《卫拉特法典》将罚物或罚畜这些蒙古民族长期以来形成的习惯法上升为成文法,并使之规范化。一般认为,在地广人稀的草原上,罚畜即等于剥夺了犯罪人的生产和生活资料,这种以畜赎罪的做法，在游牧社会中一度是适宜的。

在婚姻法、继承法、民俗民法等诸多方面，《卫拉特法典》也都有琐细的规定，如仔细确定了各阶层人结婚聘礼的数额、订婚的程序等事宜，有的规定则令人忍俊不禁——"娶已经离婚的妇女的人，如果该女人美丽，应给其前夫贵重物品一件及牲畜8头；如果相貌普通，给牲畜5头；如果相貌丑陋，给马1匹"[1]；两人格斗，旁人不得介入，因介入而导致伤害的，则加害者都要受到处罚，数额依受伤害程度而定——这是典型的"费厄泼赖"规则；偷盗是不能容许的——盗窃一般物品，要割掉一只手的手指，最轻微的偷盗，也要罚带羔的山羊一只……法典里还保留有"设誓"这种古老的风习，它要以淳朴、忠厚的品性为基础。

总之，《卫拉特法典》是历史上蒙古民族处理自己内部事务的法律规范。上自王公、下至平民，只要违规犯错，则施以刑罚。但是总的来讲，法典从法律上维护了封

---

[1] [日]田山茂：《清代蒙古社会制度》，潘世宪译，商务印书馆，1987年。

建主的特权和利益。

《卫拉特法典》与《喀尔喀·吉鲁姆》《理藩院则例》并称蒙古族三大法典。原文没有条款标号，正文有49个段落。1880年戈尔顿斯基发表了该法典的蒙文原本，但另外还有各种抄本流行。

（原载于《法制日报》1998年6月8日。2020年，《法制日报》更名为《法治日报》）

《浩·巴岱文集》序言

在巴岱先生的诸多同事朋友中，我算不上是向读者介绍巴岱先生的合适人选。所以，为巴岱先生的大作添序，深感惴惴。然而，身为后学，承蒙邀约，岂敢推辞？

先从印象说起。第一次见巴岱先生是在20年前新疆的一次《江格尔》国际学术研讨会上。他面庞宽阔，线条柔和，眼裂狭长，令人过目难忘。近年见他，言谈举止更显长者风范，一分威严，三分慈祥，六分宽厚。

巴岱先生生长于新疆巴音布鲁克草原，年轻时长期在基层工作，与牧民朝夕相处的生活经历，成为他创作的源泉。随着职务的升迁，他的游历更为丰富，眼光更为开放，胸怀也更为阔大。文集中的一些文字，内容涉及工作报告、思想剖析、著述题跋等，显见是他担任领导工作后所为。而他用蒙古文和汉文刊布的小说、诗歌等，则与他丰富多彩的生活积累密切相关。巴岱先生不仅是一位曾经身负重任的领导，还是一位阅历丰富、文学功底扎实、威望很高的作家、诗人，也是中国《江格尔》学术事业的领航人，以及潜心研究卫拉特蒙古族历史文化且颇有斩获的学者。

我想从三个方面粗略地介绍巴岱先生的文学文化活动。

先说说巴岱先生的文学创作。新疆这片广袤的地区，是催生诗文的绝好土壤。一定是天山的雪，大漠的风，炊烟袅袅的毡房，以及世代生活于斯的牧人们的生命情态，激发了巴岱先生的文学创作冲动。他深厚的生活历练，长期的文学修养，就熔铸为音韵铿锵、意境深邃、情感饱满的《马头琴之歌》和其他诗作。从这些语言质朴、情感真挚的诗行中，我们读到的，是通过高度意象化的情感抒发，传递出作者对生活本质的体悟和对人生哲学的思考。从这种抒发中，我们摸到了时代脉搏的律动，看到了传统技巧的发扬，听到了民族文化颂歌的回响。

最近刚好读到一位青年学者的论文《浩·巴岱小说

的卫拉特地方特色析》，论文从三个方面强调了巴岱小说所具有的卫拉特地方色彩，就该文章的论题而言，分析和归纳应当说比较中肯。在我看来，巴岱的小说创作，特别是两部代表性的长篇小说《齐达勒国》和《奔腾的开都河》，都有相近的特点，那就是人物形象鲜明、矛盾斗争激烈、情节线索清晰、氛围刻画细腻等。就拿长篇历史小说《奔腾的开都河》来说，其主要内容是描写新疆巴音布鲁克草原上的一代有进步思想的蒙古族知识分子和开明的上层人士，带领民众反抗国民党统治，发动武装起义，建立地方民主政权，为新疆和平解放铺平道路的故事。阔大的时代背景，纵深的历史感，人物命运与时代大潮和社会矛盾的复杂纠结，显示出作者深厚的生活积淀、驾轻就熟的处理素材能力和底蕴深厚的文学表达能力。在我们近年所见新疆蒙古族长篇小说中，巴岱先生的这两部作品，堪称翘楚。

在卫拉特蒙古族历史文化研究领域，巴岱先生著述颇丰，有整理注释历史文献的辑录式成果，有全面探讨卫拉特历史文化的研究著作，还有若干专题研究论文。例如，论述四卫拉特联盟的论文，以及讨论卫拉特民间长调民歌和酒的论文等，都在学术界产生了较大的影响。不过最让他萦绕心头挥之不去的，还是他关于卫拉特史诗《江格尔》的系列论文和工作报告。身为新疆《江格尔》工作的主要领导，就如何抢救、保护、搜集、整理、翻译、出版、研究、振兴《江格尔》史诗，他有着长期全面的考虑；作为生长于《江格尔》的故乡，长期受到《江格尔》文化熏陶的蒙古族文化人，他又对这部伟大诗篇的民间演述传统，有着深入的了解和体察。因而他在不同场合发表的若干学术见解，无论对学术界而言，还是对地方文化建设而言，都深具启示意义。

在民族文化的组织领导工作方面，他长年呼吁重视民族民间文化的保护和发展建设。他的许多见地，来自对各方面情况的深入了解，是实践经验的提炼和理论总结。这些见解，一端系于民族的文明和发展，一端系于国家的安定和昌盛。小而言之，这有益于特定族群的进步；大而言之，则有益于祖国的强盛和中华文明的伟大复兴。现在，社会各界已经逐步认识到，各民族的文化遗产，尤其是脆弱的非物质文化遗产面临强烈的冲击，多处于濒危境地，应当重视抢救和保护非物质文化遗产工作。不过，在20世纪80年代的时候，有这样认识的人非常少。新疆的《江格尔》工作起步早，成果突出，与巴岱先生的识见和作为有直接的关系。当然，他的工作成绩远远超出了民间文艺的领域。通过他所担任的诸多职务和兼职，就可以看出来，他在民族文化建设的许多环节，都发挥过相当重要的作用——他曾担任新疆维吾尔自治区人民政府副主席，新疆维吾尔自治区政协主席，兼任新疆《江格尔》搜集、整理、出版工作领导小组组长，新疆少数民族古籍搜集、整理、出版工作领导小组组长，新疆"民族问题五种丛书"编委会主任，新疆胡都木蒙古文字推广领导小组组长，新疆卫拉特蒙古研究学会会长，新疆蒙古族文化教育促进基金会会长，中国《江格尔》研究会会长，中国蒙古文学学会副会长，中国八省区蒙古语文工作协作小组副组长，西北民族大学客座教授，新疆师范大学客座教授，蒙古国科学院荣誉博士，等等。

总之，浩·巴岱先生是当之无愧的新疆《江格尔》

事业的领军人物，是新疆卫拉特历史文化研究领域的权威和推进文化建设事业的主要领导，也是新疆蒙古族文学创作阵营中重要的作家。为了纪念浩·巴岱先生为新疆蒙古族文化教育事业、语言和文学艺术、历史文化研究和学科建设等领域所做出的突出贡献，由特·巴音巴图主编的《智慧的哈达——浩·巴岱75寿辰纪念论文集》于2005年出版，对巴岱先生的诸多贡献有所展示。读者手中这煌煌五卷的《浩·巴岱文集》，则是由新疆师范大学布·孟克教授领衔的编纂组，历数年之辛勤劳作而编纂完成的。读者通过这套文集，对巴岱先生的文学成就、研究成果和工作经验等，就会有更为全面的认识。如果能够更进一步学习他的工作精神，吸收他的精辟见地，借鉴他的实践经验，进而将学习心得转化为直接或间接了解、喜爱乃至推动民族民间文化建设事业的进步，那将是巴岱先生本人和我们大家都十分乐意看到的。

如果上述粗略的勾勒能够对读者诸君阅读该文集有些微助益，我的目的就达到了。至于要体悟文集中处处透射出来的深厚民族情感、优美艺术境界和深厚的蒙古族历史文化知识,则需要静下心,读下去。

是为序。

2008年8月22日于北京

(原载于《浩·巴岱文集》序言,北京:民族出版社,2009年)

《情深不寂寞》序言

这是傲蕾伊敏平生出版的第一本散文随笔集子。我能够想象她的心情，必定是七分庄重，三分忐忑。

她出生在内蒙古呼伦贝尔草原的一个达斡尔家庭，父母将这个民族的那些优美品性，例如刚正、坦率、质朴和感性，悉数遗传给了她。她的脾气，是容易起急，但对人的真诚和助人的热心，也是罕有其匹。她周围总有那么一帮挚友，大家都真心待她，欣赏她做人做事的风范。这，其实就是对她人品的最到位的赞美。

她是孩子中的老大，自然多一些责任感，操心一些三个妹妹都不大操心的事儿。不过，说起这几个妹妹，个个性格鲜明，都有些听了令人咋舌的经历，都不是平常人。当下社会，讲究保护个人隐私，我随大流，不多着笔墨，讲她家姐妹的故事。能稍稍透露的，是她先生也是我的老朋友。都生活在异乡的我们，时常聚会，就着伊敏准备的爽口小菜，品几盅佳酿，聊些天南地北的事儿，松弛一下总是绷紧的神经。

说起她的文字，可谓文如其人。她少年时倾心美术，热爱文学的癖好则一直延续下来，是一种修炼，也成了一种习惯。在她身上，至今保留着"文艺青年"的味道。所以，她能够敏锐地发现美、感知美和欣赏美，也有与人分享美的热望，乃至冲动。

所以，这里的文字，都是率性的，是她生活中经历过的一些"小"事儿的白描。这些事儿，在旁人看来，或许没什么大不了的，但对她，却有非凡的意义，让她伏案电脑，从容不迫地写出来。其中有些篇什，写的是发生在很久以前的事儿，她能描摹得栩栩如生，说明这些生活的场景，深深地烙印在她的心底。

这里所收录的随笔，并不是为了出书而创作的，都是她工作之余，偶有感触，率意写就。在网上写，写好搁在博客里，博客冠名"莫力达瓦吹来的风"。她不事宣传，不求闻达，唯愿三五至交，溜达过来，随意读一读，若能粲然一笑，于其愿足矣。因为知道根底，所以我敢说，在写作之际，她心中如果有个阅读对象，那也是锁定若干老友。唯其如此，反倒是令人感到这些文字清新自然，并无扭捏造作之态、哗众取宠之意。当然，也就不会为了取悦更多的读者而将写作主旨瞄向那些宏大的或热点的话题。按照她自己的话说，她就是写一写亲情、友情和乡情。这个追求，摆明了不求出名得利，而是与志同道合的一拨儿人，同声相应，同气相求。要不是朋友们看过这些文字，都说值得印出来做个纪念，力劝她整理刊印，她是根本不会想到出书的。

我特别喜欢她给这个集子取的书名——《情深不寂寞》。这里所传递的情感，令人动容。

她的语言，漂亮、干净、精准，有资深编辑的文字素养，读来犹如清风拂过树梢，风和树都感到惬意。

作者的文字都是自心田流淌出来的，透着随意。写序的我，也就不想正襟危坐。此刻，我正从贵阳飞往北京，耳机里传来我喜爱的蒙古族歌儿的旋律。我将屏幕字体调大些，在微微震动的机舱里，在九霄白云之上，草就了我的一点感想。

像我喜欢她的文字一样,希望她也喜欢我上面的话。

(原载于伊敏《情深不寂寞》序言)

巴义尔《游牧精神》摄影集序言

我们生存的这颗叫作地球的星球，在浩瀚的宇宙中，不过像是撒哈拉沙漠中的一粒沙。

在这颗星球亘古以来的历史长河中，每个人存在的时间，对于从地球形成、人类出现到今天的历史而言，不过像是眨眼的一瞬间。

我们认识和把握这个无穷世界的方式迄今主要有两种，那就是科学的方式和艺术的方式。很难说那些看似客观的、科学的、用数字或实验说话的方式，一定就比艺术的方式更为真实、更为深刻、更能看到趋势和方向，特别是，更为洞悉人的心灵。

这里定格的各个瞬间，让我们看到了色彩、线条、光影、构图，看到了20世纪后半叶到今天这段时间内，这个被称作蒙古的民族，以及这个民族中的一些杰出代表，如何以这样那样的方式，留下了难以磨灭的印痕。

这里的张张图片，传递着民族自信心和自豪感，传递着对于昨天的眷恋和明天的憧憬，也流露出不安和忧虑。文明的赓续、文化的守持，面临着更为复杂多样的挑战，以何种姿态应对这些挑战，是我们每个人都无法逃避的——无论怎样，你都得选择一个立场。

今天的技术，已经让摄取、保存、加工和传播影像变得易如反掌。但是，深沉的思考，敏锐的感觉，迅捷的反应和经年累月积攒起来的关于审美尺度的拿捏，仍然是一幅出色照片所不可或缺的。

生存过、奋斗过、感动过、沮丧过、坚定过、迷惘过，都是生命的面相。一些面相会渐次模糊和褪色，隐入历史天幕的深处；一些则历久弥新，如巍然耸立的丰碑，令后人追怀不已。

（原载于巴义尔《游牧精神》序言）

立足学理探索 心系现实问题
——评《内蒙古区域游牧文化的变迁》

中央民族大学邢莉教授与内蒙古草原勘察规划院邢旗研究员合著的《内蒙古区域游牧文化的变迁》进入2012年国家社会科学基金成果文库,可喜可贺。这是笔者所见近期研究蒙古文化变迁的一部重要著作。在内蒙古游牧文化嬗变和转型的关口,这项研究回应了时代和社会所提出的问题。

一、多学科视域

长期以来,内蒙古区域的游牧文化主要体现为生活在内蒙古高原的蒙古族群与干旱或半干旱草原交相适应的"游动"的文化。这种生存方式和文化形态,已经存续了很久,而且必定是这里的人们经过长期摸索的经验积累,逐步形成的区域游牧文化,有其特定的内核和体系。

300年来，在社会经济发展、自然气候变迁、族群关系变化等因素的冲击下，该区域文化中游动的成分呈现出逐步减弱的大趋势。作者述及目前内蒙古区域在文化形态上可以分为四个文化圈：农业文化圈、半农半牧文化圈、牧业文化圈和城镇文化圈。诚然，观察到这四个文化圈的并存现状，并不构成创见，但是作者关于这四个文化圈的形成过程、结构形态和互动关系的深入讨论，则颇有深意。讨论是在人类学、民俗学、文化生态学、草业学等交叉学科的多维度层面上展开的，并且把焦点牢牢聚集在内蒙古区域的游牧民与农耕民的长期接触过程中，于是，不同文化间的传播、涵化、冲突、调适、融合等的复杂过程，就渐次得到细致的呈现和鞭辟入里的分析，进而描摹出内蒙古区域游牧文化变迁的动力学模型。专著显示了作者对人类学、民俗学前沿理论的把握与面对现实的社会责任感和历史使命感。

二、整体观和历史主义态度

学术乃天下公器。纯粹的学理性探索一路，诚然能够给学人带来很大的愉悦和享受，密切关注现实社会问题的一路，也多来自学人的担待和"不甘"。所谓不甘，就是不满足于已有的论见，而试图从纷繁的现象中，按照自己的理路，重新梳理材料，给出新的解说。在这部书中，我们看到了这种可贵的不甘。一般而言，学术界在研究文化变迁的动力学机制时，往往认为从内部推动的变迁，通常源自重大的发现或发明；而由外部策动的变迁，多与异质文化的借用或传播相关。专著在此点上深入了一步，给出了更为综合的、动态的、多维度的考量，认为推动文化变迁的动力学机制应该是内部的与外部的、自然的与社会的，以及"大传统"与"小传统"的错综复杂互动的过程。可以想见，在不同的社会历史条件下，不同要素之间的关系也必定是不同的。有些矛盾或许从次要矛盾上升为主要矛盾，而另外一些原本是强烈对立的要素，在新历史条件下，则降格为较次要的矛盾方面，如此等等。专著在完整地演绎内蒙古区域游牧文化变迁的理论框架时，着意描绘了在"大传统"与"小传统"的互动中，在游牧民与农耕民的互动中，内蒙古区域的游牧文化发生涵化的历程，而没有人云亦云地沿袭西方人类学家的常见观点。作者强调，这个涵化过程是诸多因素共同参与并推动的，如自然环境与人口的变迁（例如民族间比例的变化）、经济的变迁、社会生活方式的变迁、科学技术的进步、新文化的增加与旧文化的嬗替、教育制度的变更等。这样的见地，既具有理论的创新意义，也具有实践的启迪意义。诚然，这部专著所讨论的问题，其他学人也进行过反复的思考，并先后提出各自的主张和阐释，因而不能说这是一宗全新的研究。不过，总体而言，以往的研究，或聚焦于一个特定历史阶段，或将文化变迁主要归因于某个环节或层面的作用，因而难免显得不够全面和宏观。本书则试图用全景呈现的方式，整体描摹在宏阔历史文化背景下文化变迁是如何发生并变异的，并把这种描摹与对草原文化可持续发展的思考结合起来，因而使得对历史的回顾，也具有了当下的意义，对历史经验和教训的总结，也就具有了提示和前车之鉴的意味。专著呼应了习近平总书记近期报告中关于建设生态文明的核心理念，强调在文明进步、社会发展的同时，如何继承东方文明传统中那些最为可贵的因子，如人与自然的和谐相处，顺应自然、尊重自然的生态观与宇宙观，等等，从而使今后的发展道路更有历史连续感，更符合科学精神和人道宗旨。这种对未来指向的期许，尤其具有极端重要的现实意义。总括而言，作者对草原游牧文化的历史性评价，不仅在一定意义上匡正了习见的偏见和误解，而且揭示了这宗伟大的人类文明遗产对当今世界和今后人类发展所具有的特殊类型的和样板的意义。

三、微观分析和民俗学理路

本书的两位作者各有专业所长，结合起来则相得益彰。就以我比较熟悉的民俗学理路而言，我看到了民俗学理论和方法在观照文化变迁论题时所形成的特殊思考。作者通过民俗学的特有视角和方法，令人信服地指出，蒙古族传统的标志性的民俗文化符号，是以特有的方式反映文化变迁进程的指示标。而且，民俗学维度在该书中的合理延展及对其他论题的包裹，造成了如下效果：论题的把握既能高屋建瓴，又能呈现细部的微观图景，从而使得剖析鞭辟入里，而又在整体上保持了展示文化要素的生成和变化规律的追求，这是特别难能可贵的。民间信仰、节庆操演以及衣食住行、婚丧娶嫁等诸方面，都会对文化变迁做出或积极或消极的回应，于是，它们不仅发挥了社会变化指示标的作用，而且还参与到这种变化进程中，发挥其正向或负向的作用力。简单讲，就是研究民俗生活与社会文化的关系，对于弘扬草原文化的传统，强化蒙古族群的文化认同，进而对于保护人类非物质文化遗产，都有现实的意义。

蒙古族游牧文化变迁过程很长，跨度很大，内容很丰富，头绪很繁杂，题目本身就已经显示了论题的难度。人类学、民俗学的研究往往采用"见微知著"的模式，且此类研究成功案例很多：稍远的有费孝通的样板式研究，稍近的有王明珂影响甚大的著述，都足可资效法。不过，若是把内蒙古区域游牧文化300年来的历史进程纳入考量，则研究方法上亦需有所创新。该著作于是将历史文献资料与田野考察联系在一起，将社会大势与小村落个案联系在一起，将民众的口头叙事与官方的体制化运作及档案记录联系在一起，于此我们看到了宏阔的画面，也看到了生动的细部，这是需要文献解读功夫和田野研究能力的。看到书中80多个图表，再联系到正文中引证的大量的数字和田野图片，便知道两位作者对待学问的孜孜矻矻。

（原载于《中央民族大学学报（哲学社会科学版）》2014年第4期）

站在学理思考的最前沿
——读资华筠《舞蹈生态学》

在原始社会的文化中,单就表演艺术而言,以我们今天的认识和理解,往往是集语言、音乐、舞蹈、绘画等诸种艺术形式于一体,投射彼时的信仰和观念体系。这些艺术形式之间,又多彼此关联,犹如唇齿之相依。随着文明的嬗变,原有的艺术混融性特点被撼动,各艺术门类也渐次获得独立发展,艺术维度的诸多特征逐步得到强化。今天的舞蹈艺术,就是早期艺术诸多进路的发展结果。有趣的是,在信息技术急速发展的当下,在国内外又重新看到多学科、跨学科、交叉学科理念的某种回归,各学科相互借鉴、相互融合的研究思路,成为更切近地解析研究对象的利器。著名舞蹈表演艺术家、舞蹈理论家资华筠以其多年磨砺的大作《舞蹈生态学》(与王宁合著),践行了多学科研究的方法,为舞蹈学搭建学科体系,归纳美学特质,厘清文化要素,勾勒生命情态,不能不令人击节称赏。由文化艺术出版社出版的《舞蹈生态学》是1991年出版的《舞蹈生态学导论》一书的蒸馏和升华。全书六章,分总论、舞蹈的本质与特性、舞蹈形态分析与舞蹈语言系统的构建、舞蹈生态环境的确立与分析、舞蹈生态系统及其作用、舞蹈生态学的理论价值与实践意义。披阅之间,觉得本书的最大特点,是学理思考的前沿性和前瞻性,表现为如下诸特点:

第一,对新兴交叉学科的拓展与创用。作为舞蹈学的学术带头人,资华筠在舞蹈学基础理论建设整体明显滞后于文学、音乐、美术、戏剧等门类的前提下,拟构舞蹈生态学,"将属于自然科学的生态学的核心概念及某些方法,运用于对民族舞蹈文化发展规律的探索,同时吸取语言学、心理学、文化学等学科的理念,探讨舞蹈研究的方法论,创建基础理论,对民族舞蹈生存与发展中的诸多现象进行描写与解释"[1]。这一学术旨趣,就超越了重形式分

---

[1]《舞蹈生态学》第3页。

析而轻内容分析的旧有研究模式，引导舞蹈学界关注舞蹈传情表意的特质，探究舞蹈艺术的核心属性。同时，将舞蹈放置在经济、政治、民俗、礼仪、宗教、生活与劳作方式、民族文化等生态环境中进行剖析，这对舞蹈学科未来的走向，具有重要的指引意义，是很大的开拓与创新。

第二，资华筠坚持立足舞蹈学本体意识，她强调博采众长而不本末倒置，以免最终游离在舞蹈的本质与特性之外。在引入体育、杂技、音乐、戏剧、绘画等相近艺术门类并进行对比中，作者所孜孜矻矻的，仍然是舞蹈之为舞蹈那不可替换的本体，诚如作者所言："把握舞蹈作为核心物和研究的本体，是吸取其他学科理论和方法的关键，离开了舞蹈本体经验事实生搬硬套，便会造成削足适履，把不同质的现象简单地等同起来，研究浮于表面，效果难以显现，这是研究之大忌。"[1]人文科学诸领域在人类学的影响下，多希冀借人类学之力推动本学科的范式转换。一个典型例子就是民族音乐学，其间得失，日后自有

---

[1]《舞蹈生态学》第167页。

公论。不过,以广泛借鉴其他学科的方法论铺垫自己的理论基石方面,《舞蹈生态学》很有心得,体现了作者理论上的警觉和坚守,殊为不易。

第三,术语体系的构建和研究方法的确立。在提出了"舞蹈生态学"之后,资华筠并没有停留在一个宏观的学科概括上,而是在这一理论框架下,用概念术语的建构、研究方法的拓展、舞蹈实践的提炼,为理论框架填充了血肉,注入了鲜活的生命。就理论取态而言,作者以亲身舞蹈实践的宝贵感性体验为基底,以长期的学理性思考为纲目,提出舞蹈生态学应在广泛关注文献材料的同时,对舞蹈表演进行实地观测,进而提倡采用量化和统计的方法对研究对象进行定值、定型、定序的分析,以此来确认舞蹈和生态因子之间的关系。在此基础上,资华筠借鉴语言学和自然科学的理念和技术路线,颇有新意地创立了由"舞动""舞畴""舞目""多维物种",以及"舞蹈生态因子""生态项""生态位""生态辐"等一系列概念所组成的舞蹈符号与表述系统。这一系统规避了现有舞蹈批评中用抽象的文学语言难以准确表达舞蹈特性的不足。而且特别应当肯定的是，这看似复杂难解的概念与术语体系并非不切实际的、空洞的臆造，而是对古今中外各民族舞蹈的大量实例的整体把握和恰当提炼，并经过深思熟虑，结合舞蹈运动和律动的特性，恰到好处地镶嵌在理论体系中，使概念的阐发有理有据、有血有肉，在舞蹈本体技术分析与诠释的同时，赋予舞蹈深厚的文化的美学的意蕴。云南大理白族舞的典型舞蹈语汇、傣族的蹲提步、山东鼓子秧歌中的"场图"、河北的男性道具舞蹈"抬皇杠"、土家族的茅古斯舞等，被举重若轻地引来阐释舞蹈的深奥学理，令人无不称赏。在舞蹈学界，有善舞而不善言舞者，有善言而不善舞者，唯有资华筠这样的舞蹈艺术家和舞蹈学理论家，能够胜任此工作，把舞蹈表演实践拉升到舞蹈理论的层面，再完成对舞蹈学学科格局的整体建构，且游刃有余地转换于实践真知与理论投射之间，犹如高妙舞者，动静之间、神形之间，皆有深意，皆合法度。

第四，对作为非物质文化遗产的舞蹈保护实践前沿问题的关注与讨论。非物质文化遗产是中国学界目前讨论最多的前沿话题，作为国家非物质文化遗产保护工作专家委员会副主任委员，资华筠站在舞蹈学学术理论的前沿，在非物质文化遗产保护中架构舞蹈学学科建设的新方向，可谓极富创见性与实践性。非物质文化遗产是一个民族、一个群体文化特异性与审美习惯的活化石，作者将一个民族的"自然舞蹈""舞体"审美特征与该民族的共同文化特异性及产生这种特异性的民族文化生态环境进行整体观照，使舞蹈生态学的建构蓝图与非物质文化遗产的保护理念实现了较为完美的交叉与融合。除此之外，对于非物质文化遗产的原生性与创新性问题，学界一直有争议。有人认为对非物质文化遗产只能进行抢救性保护，拒绝发展和开发。也有人认为，现代社会的非物质文化遗产唯有适应当下的需求、改变自身才能实现当下的活态传承。《舞蹈生态学》对这些疑问的回答则高出一筹："所谓的'成''败'之权衡，主要在于是否把握、凸显了民族审美特质而拥有'民族舞蹈'的标示与资质。即所谓'万变（创新、发展）不离其宗（固有文化基因）'！"[1]

---

[1]《舞蹈生态学》第182—183页。

而且，资华筠还鞭辟入里地指出，目前存在的"艳舞化""蛮荒化""怪异化""劣质杂交"等现象的根本原因在于创作者的浮躁之心，对先民的创造没有敬畏之心、珍视之情，把珍贵的舞蹈文化遗产，随手拈来任意摆弄，以求"创新"之速效。

的确，目前中国非物质文化遗产保护实践中的所谓"创新"，往往是碎片化的，有时是歪曲或颠倒的，盖因从业者在尚未充分了解或压根儿不遑了解传统的前提下，在急功近利心理的驱使下，对传统进行断章取义、碎片拼接式的随意处理所致。因此，资华筠倡导对"优质基因"的把握与提炼，是救正当下中国非物质文化遗产保护实践中类似问题的一剂良方，而她的舞蹈生态学也或可看作中国非物质文化遗产保护实践的一次生动有益的学理探索。

第五，舞蹈生态学实践意义的探寻。如果一种理论体系艰涩难懂且脱离实践，结果往往是被束之高阁。资华筠则以丰富的实例使枯燥的理论焕发生机，而且在理论之后，最终落脚点仍然回归到舞蹈生态学如何应用于舞蹈实践的问题上来。这里的实践，不仅包括继承、保护与创新,还包括与每一个舞人息息相关的舞蹈创作、舞蹈教育教学、舞蹈批评,以及整个舞蹈生态环境健康发展等问题。例如,书中警告:"值得关注的是,民族民间舞蹈天然的泥土气息和生动活泼的形式,在追求'规范化'教学过程中的淡化与变异是要害性的问题,不容忽视。"[1]在现代社会,当所谓"原生态"艺术形式的"口传身授"与现代学院式的"规范化"教学相遇时,往往会生发出许多矛盾,其中最要害的恐怕是对两种传承方式的轻率评判,以及在偏见大于真理的基础上形成的所谓优势话语权和优越感,对民间质朴文化的放逐,这往往极大地忽视和遮蔽了长久传承的民间艺术的精华和内在韵致。资华筠不为潮流撼动,有学人担当的气度,令人敬佩。

总之,资华筠的《舞蹈生态学》不只是一本介绍与研究一个舞蹈新兴学科的专著,而且还展现了一个多维的、实在的、立体的、综合的学术思考空间。资华筠站在学理思考的最前沿,思考着当下舞蹈学应该以怎样的姿态

---

[1]《舞蹈生态学》第184页。

屹立于现代学科体系之林，在多学科的交叉中如何确立舞蹈学本体的身份与地位，在现代发展中如何坚守与承继"自然舞蹈"或非物质文化遗产，如何应对现代化冲击后的舞蹈教学与批评等纷繁且又关乎一个学科未来命运的一系列问题。在多学科交叉的当代发展模式中，在"一律论"引出"他律论"、"纯艺术"带出"文化中的艺术"的发展走向上，各艺术门类将去往何方，是诸多艺术学科面临的考问，或许也是更大范围内人类的知识和学问所面临的考问。本书作者对特定领域问题的解索，其意义当然首先在舞蹈学领域，但无疑会旁及其他学科，成为富有时代特征和启迪意义的探索。

（原载于《舞蹈》2014年第2期，与姚慧合著）

老舍关于宗教的佚文

我所看到的老舍关于宗教方面的文章、译文和讲演录，目前有五篇。《基督教的大同主义》《北京缸瓦市伦敦会改建中华教会经过纪略》两篇，为中国社会科学院世界宗教研究所的王志远所提供。这个《纪略》最初由日本的两位老舍爱好者、研究者渡边安代和高桥由利子在日本的国际基督教大学图书馆发现。国内找到刊载该文的《中华基督教会年鉴》第7期（1924年），还属首次。本期刊出的《灵的文学与佛教》原载于《海潮音》佛学月刊第22卷第2号（1941年2月1日），加上原载于《时事新报》（1944年10月10日）的《双十》一文，均由安徽大学中文系吴怀斌同志详细校对。另一篇《儿童主日学与儿童礼拜设施之商榷》，则是根据舒乙同志提供的出处，在1923年7月至8月出刊的《真理周刊》第16、17、18、21期上找得的。

这五篇东西，撩开了老舍民主主义思想构成和社会实践中过去很少为人所知的一角。这给一个复杂的作家灵魂，增添一点奇异色彩；为一条曲折的道路，加上两重盘旋往复，连带牵出社会、政治、思想、教育、文艺等问题。这是它们的价值之一。其中最早一篇出现于1923年，最末一篇到1944年，这个大跨度，是它们的价值之二。

20世纪的最初20年间，中国社会的特殊环境，给天主教和基督教会势力的迅猛发展提供了条件。这期间，以基督教为例，它的教堂从300余座猛增到1万座！遍布中国各重要地区。教会势力不仅渗入社会的各个阶层中间，而且以自己的方式影响社会生活。除了马克思主义的广泛传播，进化论、实用哲学、基督教……都曾被人们用来作为引导社会前进的路灯。或许有人会扼腕叹息：老舍呀，别的尚可，你怎么偏偏拾起了"洋教"？！提起"洋教"，人们常会自然联想到令人发指的教案，招摇撞骗的牧师，仗势欺人的"教友"，联想到不平等条约、军事侵略、经济掠夺、文化渗透。是啊，随西方传教士的东来而逐渐兴起的传教运动，确实曾与西方国家对外野蛮的殖民扩张结伴而行，它们常是互相搀扶着的。从大处着眼，传教士往往支持反动政府，认为它代表法律与秩序。且因宗教信条反对任何暴力，当然也就不赞成人民革命运动，这在客观上是站到人民革命的对立面位置上了。但我们也要看到，传教士到中国来，有的出于信仰的热诚，有的则是为了谋生，真正从事政治活动和间谍活动，死心塌地为殖民主义和帝国主义效劳的，毕竟是少数。宗教势力本身的状况和作用是复杂的，宗教意识又作为远离物质基础的意识形态，有较宽泛的适应性。宗教的这两个特点已多少说明，一个像老舍这样的民主战士接近宗教，并非不可思议的事情。

具体到当时的教徒，他们大多是受了传教士宣传的影响，出于摆脱物质生活的困苦和寻求精神上的寄托乃至理想而入教的；也有的纯粹因为贫困，入教是为了获得点生活上的补贴，像有些灾区整村的人入教便是这种情况，这是所谓"吃教"的。依仗洋主子势力称霸乡里，为非作歹的"仗教"的教徒，实在并不多。教徒中的大多数有强烈的爱国心。五四运动席卷全国之际广大教徒的行动就是证明。当时北京、天津、上海等地的爱国教徒积极与各界人民一道，同帝国主义展开斗争，天津仁慈庄的中国教徒组成第一个公教救国团，发表宣言；天津《益世报》刊登的教徒聂醒吾等人的《为外交泣告教中人书》，情词激切，历数近百年来外国侵略者利用天主教侵略中国的种种。罗马教廷派遣教务巡阅使光若翰来华活动，并发表"特别声明"，压制和恐吓教徒的爱国行为，也能从侧面说明教徒爱国热潮的气势。

教徒民族意识的觉醒，进一步促成了全国范围的天主教的"中国化"和基督教的"本色运动"。所谓本色运动，即要使基督教消除洋教的丑号，由中国人自己对它实行"自养""自治""自传"。老舍二十年代的宗教文章，即本色运动中的产物。

如果要对老舍入教动机进行考察，一定不要忽略那个年代的那些人、那些事。我们一向没留心过老舍早年生活里有什么宗教的陶冶。大家知道，许地山是有的，而且这成为许入教的诸原因之一。其实老舍也有的，唯其不如许地山这般明显，反倒更需注意，因其作用更微妙。老舍自己讲到早年对他影响最深最大的两个人，一个是他母亲，主要影响他的性格气质，一个是刘善人，影响了他的生活观，老舍对他一直不能忘怀。不仅他逝世时以充满怀念、感激和崇敬的心情写了纪念文章《宗月大师》，还在晚年所作的《正红旗下》里使之化为定禄大爷这个艺术形象。这个宗月大师身上超乎寻常的宗教天性，在多大程度上影响了老舍，我们不敢一下子断言，但老舍居然中学毕业时就热心慈善事业，恐怕不是偶然的吧？

留心这样的情况是必要的，但我们要警惕把这种资料做独立的夸大的处理，首要的工作应该是从老舍接近宗教这个似乎纯粹是个人举动的背后，找出隐藏着的深沉的社会内涵，找出主观选择性与客观趋势，偶然性与必然性之间的联结点。并以此点再向宗教本身的情形和老舍意识构成的状况回溯，在互相作用的辩证关系中得出我们的结论。

对老舍来讲，入教不是为自己的心灵寻找寄托和归宿，他的宗教实践已经明确证明了这一点。宗教救国的局限性太明显了：这个理论并不能最大限度地包容他的社会政治思想，实践的结果也证明它没有现实意义，这促使他在较短时间内疏远了基督教。从他赴英的1924年开始，我们找不到他有宗教宣讲和宗教活动的任何记载，20世纪40年代的两篇东西，一个是补记过去，另一个则大谈佛学与文学，与基督教没有多少联系。这个明显的疏远过程也可以从他的文学创作中得到印证：从第一部长篇《老张的哲学》直到晚年的《正红旗下》，可以说没有一篇作品曾向读者哪怕稍微暗示过宗教信仰能使人获救这样的意思。

老舍对宗教的这个接近—疏远过程，并没有留给我们太多可资查证的记录，但显示发展趋向和大致轨迹的东西还是有的，只要深入研究下去，怎么会不大有所得呢？

海涅论及宗教改革家马丁·路德时说："我们绝不应当抱怨他的观点的局限。站在巨人肩上的一个侏儒当然能够比这位巨人看得更远，特别是他戴上一副眼镜的时候；然而那被架高了的直观却缺乏那种崇高的感情，那种巨人的心灵，这是我们无法取得的。"对老舍，我们亦应作如是观。他的徘徊观望，探足歧径，与他一生赤诚的爱国主义激情，坚韧不拔向光明跋涉的信心和毅力相比，又有多大的分量呢？品头论足容易得很，唯有那一段充满艰辛和苦痛的人生历程，却实在引起我们深深的敬意。

（原载于《中国现代文学研究丛刊》1985年第2期）

老舍《内蒙风光》赏析

老舍的《内蒙风光》最初发表在《人民日报》1961年10月13日第7版上,后收入《小花朵集》附录。这是由于"有些朋友颇喜爱《内蒙风光》这一篇游记,并嘱选入集内。可是,这样一来,便不能不稍打乱原来的辑选计划。故将它打入附录,以事两全"。

老舍此番历时8个星期的内蒙古之行,是应乌兰夫同志邀请,参加中央民族事务委员会、文化部会同民族文化工作委员会和全国文联组织的作家、艺术家访问团而行。访问团由文化部副部长和教育部副部长叶圣陶率领,团员还有作家曹禺、吴组缃、端木蕻良,画家林风眠、谢稚柳,音乐家吕骥,摄影家郑景康,建筑学家梁思成等20余人。他们走访了呼伦贝尔(今呼伦贝尔市)、哲里木(今通辽市)、昭乌达(今赤峰市)三个盟及呼和浩特、包头两个城市,参观了工、农、林、牧、渔业生产,访问了科学文化教育单位等，广泛接触了各行各界人士。这次活动期间及稍后，老舍在报刊上共发表了内蒙古题材的新旧体诗30首左右，散文3篇，报告2篇，曲艺作品1种，可谓收获颇丰。《内蒙风光》就是其中很有代表性的一篇。

这篇游记分作数段，各有小标题，像一套组曲。它们是"林海""草原""渔场""农产""风景区""呼和浩特""工业基地"。

表面上看，这篇作品描述了内蒙古的美丽自然景观，称赞了内蒙古的各方面建设成就。细究起来，却又不因包罗了各个方面而散漫无归旨。老舍的写作动机，概括地讲，包含着这些内容：一是努力纠正人们多年来形成的对内蒙古的不正确观念；二是歌颂各兄弟民族间平等和睦互助的新型关系；三是欢呼"三面红旗"的伟大力量。

关于第一个动机，老舍自己讲："我并非在这里单纯地宣传美景，我是要指出，并希望矫正以往对内蒙古的那种不正确的看法。知道了一点实际情况，像扎兰屯的美丽，或者就不至于再一听到'口外''关外'等名词，便想起八月飞雪，万里流沙，望而生畏了。"也是基于这样的动机，老舍笔下的兴安岭林海，是"高岭苍茫低岭翠，幼林明媚母林幽"，陈巴尔虎旗草原是个翡翠的世界，是连江南也未必有的景色。达赉湖渔场更是"何等迷人"——湖上飞翔着许多白鸥，在碧岸、翠湖、青天、白鸥之间游荡着渔船。当然还有水库边的红莲，荒山上的果树，风景区的独具风格、幽美迷人，还不能忘了烟突如林——新时代最美的美景！

第二个动机，可以从老舍本人的出身、族籍、经历各方面找到远因。旧中国的民族压迫和民族歧视，给过他惨痛的灼伤。他年轻时一度加入基督教会，这是个重要的原因。现在目睹新型民族关系的建立，他感到由衷的振奋和激动。所以兴安岭与祖国各地的建设发生着千丝万缕的联系；草原上的聚会，语言不同而心是相通的；北国的渔场上有英俊的广东青年兴高采烈地工作；公社里农牧结合，蒙汉协作，亲如一家。作者特别提及："我们看见了各族人民在同一工厂、同一块田地上亲密地愉快地劳动，也看见了各族的儿童在一块儿读书，在一块儿玩耍。我们看见了文工团里的各族演员,同台欢快地表演歌舞。我们看见了京剧团表演的以蒙古族故事为内容的大戏。我们看见了各族的基层的与各级的干部,学校教师与教授。每一民族都有了自己的干部与人材,这是多么了不起的事!"

作者于是满怀信心地宣布:"将来呢,各民族必定会永远同心同德,永远谁也离不开谁。"老舍是个有政治热情的作家,新中国建立后他写过大量歌颂新人新事物的作品,就是极好的证明。少数民族地区日新月异的面貌,人们高昂的精神斗志,老舍不可能视而不见。所以在作者笔下,小至水库旁的莲花、沙丘上的苹果,大到移沙筑坝、从无到有的包头钢都,都被一条"红线"贯穿着,这红线就是"三面红旗"。"我们的兴奋不仅是被那些第一次看见的景物引起来的。我们是在每一新建设与新事物中都看到三面红旗的光辉!"

有意思的是,老舍此文的三个写作动机,并不是互相分离的,而是有机地交织在一起。以游记中最短的一段,只有500字的"渔场"为例。先介绍这是祖国最北边的渔场,再讲这里如何水深鱼厚,如何一碧千顷,景色如何迷人。这里就体现出了第一个动机——"内蒙古也并不仅有风沙和骆驼,像前人所说的那样。内蒙古不是什么塞外,而是资源丰富的宝地,建设祖国必不可缺少的宝地",话锋一转,又切入了第二个动机——"我们去游湖。开船的是一位广东青年……他热爱这座湖,不怕冬天的严寒,不管什么天南地北,兴高采烈地在这里工作",至于第三个动机,渗透在全部叙事中了。

又如"农产"这一段。一上来就直入第一个动机——"天苍苍,野茫茫"对内蒙古确实不是完全正确的形容,内蒙古也有极肥沃的田地。说不定我们碗里的米面恰好来自内蒙古呢!接着,这一动机延伸为哲里木盟等处移沙筑坝,水库里有江南的鱼儿,小塘里生长着莲花。再延伸到昭乌达盟,看到了苹果林、各种葡萄和瓜,有养蜂场,还有北京的小白梨!植树造林的结果,是处处渠水轻流,杨柳成荫。在这些叙述中,及时点出了第二个动机:原来只养牲口的公社,今天也种地。生产方式上是农牧结合,民族关系上是蒙汉协作。至于这一段文字通篇的主旨,是歌颂改造自然、征服自然的伟绩,并告诉大家这一切都是与

"三面红旗"的积极作用分不开的。

　　作为一篇游记,《内蒙风光》从谋篇布局到立意归旨,全面反映出那个时代的基本特征。说它是篇充满政治热情的作品,是很恰如其分的。然而,老舍的人品和文品,老舍的艺术风格和创作个性,又使这篇游记读起来轻松流畅,使人感到亲切自然,这又是徒有政治激情而艺术修养欠缺的人所无法做到的。

　　（原载于樊骏主编《老舍名作欣赏》,北京:中国和平出版社,第77—80页）

老舍《春来忆广州》赏析

《春来忆广州》是篇很普通的小文。说它普通,是因为它压根儿没讲述什么惊天地的大事,也没抒发任何泣鬼神的激情。说它是小文,因为它全文也不过千把字儿。

别看就这千把字儿,写得可是有些味道。

老舍告诉大家他爱花,而在北京养花是多么不容易。先说冬天气候冷,花没法在院里养,都摆在屋子里太挤不说,也养不出个好样子。专门建个花室倒是好办法,可惜又无隙地。到了春天,也照样"不易安排",移出去早了怕着了风霜,迟了又恐生长得不健康。盼到夏天,盆总算都在院中,可依然有堵心事儿。院子小,不透风,便有许多花儿生病。而且北京的夏天,晴起来阳光过暴,一下雨又倾盆倒海,总之是不太利于花草生长。秋天能好些,但也要好生提防冷风骤起,一不留神,娇嫩的花朵就要遭受重创。所以一见降温,举家动员,七手八脚往屋里折腾那些花盆。在北京侍弄花木这么费劲，自然羡慕广州。那里的大街小巷、院里墙头，一年到头百花齐放，而且是多么出色的花呀，高枝大叶的花开得有气势，矮小平凡的花开得特别壮实，叶茂花繁，"花小而气魄不小"！广州可真是个充满诗情画意的地方。由环境的美丽又想到在那里生活的朋友们，于是送上花好月圆人长寿的美好祝福。

爱花，为花操心，渴望有好的养花环境，这些都是极平常的生活琐事，老舍却能写得有滋味，不平庸，让人感到大手笔写小文的轻松和游刃有余。细讲起来，这篇散文有两点值得注意，一是结构上的，二是含义上的。

全文9段，看似信马由缰，流畅自如，其实不然。历数居京养花之四季苦乐，却没有顺序道来、按时记事的呆板——中间夹着两段对广州的称赞和回忆呢！广州的话题，也没有一次说净，而是4个段落，分两处说完。可见这里大有匠心。最不易的，是话题转换时，却又格外自然，让人觉不出雕琢和刻意来。

琐事背后的意思，也值得认真咂摸。表面上看，是讲作者爱花的嗜好和侍弄花的辛劳，但你能从中读出作者的品格——这是位有生活情趣的人,热爱美、热爱生命,善于在日常生活中发现美、领悟美、创造美,以明朗的心境体会辛劳之后的愉悦和满足。

(原载于樊骏主编《老舍名作欣赏》,北京:中国和平出版社,第83—84页)

生命的一种图式

——张承志《金牧场》结构的意蕴

《金牧场》无疑是那种能引起你纯粹的美学兴趣的小说。它的叙述视角的规律性转换,各章各部的匀称构架,主题旋律与变奏曲式的有机衔接,人物结构关系的二重对位式排列,等等,都使你感觉到作者在其中倾注了明确的美学追求,因而即使只谈论一下它的结构,你也能讲出许多东西来。

按照波兰哲学家英伽登(R. Ingarden)对文学作品"明智的、专业性很强的分析"方法,把作品理解为含有若干个层面,而又匆匆地穿过声音的层面和意义单元的组合层面,直接进入小说家所创造的"世界",那我们首先得看看《金牧场》的情节结构。这个长篇一共十章,每章均由两部分构成——M部(内蒙古)和J部(日本)。M部展现的是主人公在内蒙古草原做插队知青时的生活经历；J部里则集中描写了主人公寓居日本的生活内容。从结构上看，主人公这两段生活经历形成的两条互不相交的故事线是平行延伸的，也是各自独立的。它们相当完整，相当和谐，同时开始，同步演进，像相似的双曲线，像优雅的二重奏，起始、迸发、高潮，在小说的最后一章里也同时戛然而止。但是你要明白，这与通常所见的长篇小说的复线式结构是不同的：在这里作者是把主人公的生活道路沿时间轴线裁为两段，或者更准确地说，是摘取出两段，运用结构技巧把在自然时间上本应是前后关系的两条故事线处理为平行同步关系。

《金牧场》的一个显著特点，是它用三种字体排印——黑体、宋体和仿宋体。黑体字发挥着启示和题解的功能，表面地看，它与正文情节的关系最为间接和遥远，所以我们先把它搁在一边。仿宋体字排印的部分表明它们是楔入的片段，是主人公受到某种特定的暗示而短暂地"回到过去"。这些插曲与正文的连接，是依仗主人公情感的心智的活动，因而也可以看作是情节的"有机成分"。这至少是种使故事线索更加明晰化的尝试，而且无疑不是失败的尝试。顺便说一句，《昆仑》编辑部兑现了作者并非故弄玄虚的试验，体现了编辑们对作家精神创造性活动的高度尊重和充分理解的可贵态度。印刷字体的这种安排，表明作者这样一种追求：更为博大地容纳人生内容，同时牢固地维持故事情节在时间上的一维性，避免时间倒错和不规则跳跃。至于这种追求的深层含义，我们将在后面分析。

这些仿宋体印出的片段，出现得相当有规律。在M部里，主人公的主观意识尚未充分成熟，而且无论如何，草原的荒凉和游牧生活的单调，都使主人公处于一种相对单纯的生活情境之中。这时跳入主人公意识中的关于以往的回忆，就集中于他在20世纪60年代的经历。而在日本时的主人公就远不同了，他是成年人，对以往有了更为深沉的思考，而且光怪陆离的岛国，又多方面地刺激着他的心灵，致使五花八门的过去的生活经验纷至沓来，他幼时的情景，在新疆的见闻，在"甘宁青伊斯兰黄土高原"的感触，等等，都不时地浮现出来，就显得既自然也合理。这些变奏曲式，作为主题的发挥和延伸，维持了主题旋律的鲜明色彩和力度，处理得是成功的。

与情节结构的二步平行相对应的,是人物结构的二重对位式排列。M部和J部作为相互独立的两个部分,除主人公为同一人外,其他人物彼此并不搭界。可相当有趣的是,环绕主人公行动着的两组人物之间,存在着一种内在的相似性。如果把主要人物抽象为符号,这一情况就更明显。M部的哥们儿蓝猫,与J部的同事平田英男,可以被理解为生活的伙伴——他们总是在关键的时刻,给予主人公高尚无私的帮助,他们休戚与共、荣辱与共。M部的额吉与J部的小林一雄,其主要功能是精神理解——他们与主人公心有灵犀,经由他们的启示,主人公才更深地领悟了人生,更坚定地直面严峻的挑战。M部的小遛与J部的夏目真弓,则是爱情的符号,主人公不成熟的和成熟的感情内容,是通过她们得以体现的。另外如"假李逵"与"美人ing"、查家族与"二比一"之间,都存在着微妙的对应关系。但是,二重对位这一事实,我们不能作庸俗化的理解,因为这里绝不是简单重复,随着主人公精神和人格的成长,他们之间的相似里蕴含着变化:如果说小吐木勒更多的是得到额吉的理解的话,在日本身为学者的

"他"则是更多地去理解了小林一雄。总之，只有我们不拘泥于表面的浅层次的相似，而从人生哲理的高度去俯瞰小说世界中人与人之间的联系与冲突，我们才能内在地把握这一有趣的美学现象。

叙述视角的规律性转换，是张承志的《金牧场》的又一大特色。M部的叙述采用了"自知观点"，即用"我"的眼睛看世界，用"我"的嘴把事件讲述出来。这时，草原生活的目击者、参与者和讲述者是重合为一的。而在J部里，则运用了叫作"全知观点"的叙述视角，主人公是"他"，而叙述者则是全知全能、无所不在的。与主旋律相配合的是，那些"变奏曲"也是以这两种叙述视角出现的。M部的仿宋体片段都是"我"的回忆，而J部里"他"的过去也基本是以全知观点的口吻讲述的。那里间或也出现"我"，例如："两侧湿湿的山影在移开着，原来被嵌在一条缝里的天空渐渐变得茫茫又开阔。他加快了脚步，对准了出山的方向。像她一样，我也喊道'xêxêm'，虽然我知道，我们永远也不会再次重逢了。"出现"他"这一符号的地方，表明一个叙述主体的存在，而这时出现的"我"，则表明叙述主体的暂时消失，这些句子，应看作是"他"当时意识活动的"直接呈现"，而不应认为出现了两个人物或两个叙述主体。

那么，为什么要把关于同一个人的故事分割为两个故事，而且用两种叙述视角讲述呢？

从叙述视角本身考察，自知观点更易表现主人公的主观感受，叙述显得强烈、真实和直接，它的短处在于，辐射生活的宽广度受到主人公个人活动的限制。全知观点在对付纷繁的生活内容，表现宏大的社会人生图画上容易发挥自己特有的便利，但是它在处理人物细腻的深层意识活动时显得无力，需要借助一些特殊的叙事技巧，如叙述视角的转换，才能达到理想的效果。从描写对象自身的特点出发，用自知观点表现内蒙古草原而用全知观点处理在日本的活动，这无疑是明智的选择。当然这并不是能全部说明两种叙述观点同时存在的理由。

从主人公人格成熟过程看，把在草原插队的知青的人生内容用直接宣泄的方式讲述，而把业已成熟和冷静、更深刻地领悟了生命的学者的人生内容用一个站得更高的视点加以"客观地"把握,这毫无疑问也是十分自然的。但这仍然不是问题的全部解答。

如果我们不是一般地谈论张承志,而只是试图理解《金牧场》的作者,我们才能向这一症结的解决再迈出一步。与我们上面谈到的 M 部和 J 部在情节结构和人物结构上追求二重奏和二重对位排列这一拉近两部的意图相反的是,在叙述结构里,作者强调的是两部的距离感。作者运用艺术形式的力量,使同一个人的故事读来简直就是两个故事。这一外在的、形式结构上的矛盾对立,是以内在的美学——历史的追求相统一的,所以从更高的意义上说,它们是和谐的。

穿透《金牧场》的结构层面,进一步深入下去,我们就接触到了这部小说的"主导动机"问题。在 M 部和 J 部里,各有一个追寻的目标——"阿勒坦·努特格"。它们的蒙古语名称相同,而含义是不同的。在 M 部中,这是一片富庶的草原,是额吉的故乡。在政治风暴和自然风暴的逼迫下,"我的全部信念和指望,我的青春的赌注和下场,已经都寄托给那片金色的草地了"。他们的全部生存意义,就是要到达阿勒坦·努特格。在J部中，这是一份神秘难解的中亚古文献，而他到日本去的任务，就是征服"阿勒坦·努特格"——《黄金牧地》。M部和J部各自独立的主导动机，就这样被拉近了。有意味的是，这两个动机的最后实现也十分相似。在M部中是这样的：当他们历尽艰辛，付出极其惊人的代价，终于走到阿勒坦·努特格时，这片他们曾寄予了无限希望的草地没有接纳他们，他们不得不再度漂泊。J部里也是如此，当他们在学会上庄严奉献出倾注了他们大量心血的研究成果后，得到的却是某些人的嘲弄。这是惨痛的失败。然而，没有绝望，两条故事线的终端，各蕴含着一个转机：一个是"我"将告别草原，去北京大学开始一段新的人生之旅；另一个是"他"告别岛国日本，回到他无比眷恋、一往情深地挚爱着的大陆。

综合地看，《金牧场》是以真正交响乐的结构方式组织叙述的。两个声部音响丰满，异常和谐，各自又有一些变奏，极大地丰富了乐曲的表现力。它的整个结构层面，具有很深刻的社会历史内容，体现出作者对社会、对人生的美学理解。

首先，M 部和 J 部在主导动机、构架和图式上的相似性，表明作者的一种人生态度，一种对生活的高度哲理化思考——真正有内容的，值得崇拜和赞颂的人生本身就是一个不计成败、九死不悔的追寻过程，生命的存在过程无论在何处、何时，以什么方式，它在本质上都是相似的。作者用黑体字在小说结尾处这样告诉我们：

"是的，生命就是希望。我崇拜的只有生命。真正高尚的生命简直是一个秘密。它飘荡无定，自由自在，它使人类中总有一支血脉不甘于失败，九死不悔地追寻着自己的金牧场。"

小说中的金牧场当然是个寓意深刻的象征，所以，两个主导动机在本质上也是一种象征。毫无疑问，这是对生命过程的美学的理解。为了强调这一理解的涵盖力，强调它对于人类生存的典型意义，作者安排了两条故事线，把一个人的先后两段生活经历放在异常深广的历史背景下加以叙述，这是想暗示人们真正的生命过程在本质上就是一场无始无终的反复奔突和追寻。但是，作者的美学理解绝不肤浅，他没有简单化地把自然时序直接转化为叙事时序，他让它们平行延伸，相互对照，他用两部分的相似性来加强概括和领悟人生的高度哲理性，又用叙述视点的变换造成的两部分的差异使得这一概括含义丰富，魅力巨大。是的，一个二重奏绝不会比齐奏的音色音质更加贫乏和苍白，也绝不会比把两个声部拆开顺序演奏一遍更缺少表现力。张承志对"美文"的刻意追求已经可以被证明不是那种毫无美学价值的"花活儿"了。

美国人V·C·奥尔德里奇清晰地划分出接近艺术作品的三个层次：艺术描述、艺术解释、艺术评价。我们粗略地跨过了前两步，这就注定了我们也须草草跨出第三步去。我们的结论是：《金牧场》把人生简约为一种图式了，这是略去枝节，省去偶然变异的富有魄力的艺术抽象。就像海明威经常面对的是人类生存和人类命运这样一些最为根本的问题，困扰张承志的也是怎样领会生命的真谛，怎样去实现生命、抓牢生命这一类问题。张承志还远不是海明威，但是他艺术的"阿基米德支点"的坚固，艺术视野的开阔，艺术悟性的高境界，都使我们有理由对他抱有信心。

再回到《金牧场》上来，它所展示的人生的图式，始终带有悲剧的壮美色彩，裹挟着命定的悲怆轰鸣。同时，过于强烈的主观激情，导致作为艺术方法的叙述以绝对优势压倒了描写。翻开每一页，你都能感觉到那个热辣辣躁动不安的灵魂。这样，感染力加强了，但失却了冷峻。如果多点艺术家的冷眼旁观，这一图式是否会更充分地显露出其本质力量来呢？

最后，小说两条情节线的二重奏式排列，人物结构的二重对位关系，主导动机的二度"重复"，使人嗅出了一点宿命的气息。这不应奇怪，请看作者的题记："生命像音乐和画面一样暗自挟带着一种命定的声调或血色；当它遇到大潮的席卷，当它听到号角的催促时，它会顿时抖擞，露出本质的绚烂和激昂。当然，这本质更可能是卑污、懦弱、乏味的；它的主人并无选择的可能。"形式结构的这些特点，不过是自然地承载和直接体现了生命的图式的某方面内在规定而已。

把艺术只当作艺术，把关于人生的思索都纳入美学的框架中，这是艺术的极致。我们所向往和追寻的正是这个。

（原载于《昆仑》1987年第5期）

史诗内外

力行而不惑

——写在《中国社会科学院民族文学研究所建所40周年纪念文集》出版之际

中国社会科学院民族文学研究所（成立时名为少数民族文学研究所，2002年改用现名。以下简称民文所）走到今天，经历了40年的风风雨雨。关于最初是由哪些有识之士，又是怎样鼎力推动了民文所的成立，以及建所初期经历了哪些波折，民文所老领导王平凡先生在其《文学所往事》一书有较为详细的记述，弥足珍贵。在迎来建所40周年之际，回望这所国家级中国少数民族文学专业研究机构的发展历程，感慨良多。自忖当以粗简笔画勾描大概，以示前事不忘之心。

学者钟敬文、马学良、傅懋勣、毛星、贾芝、王平凡等先生，在动议成立专门研究少数民族文学研究机构这件事情上，先后以不同方式发挥了作用。胡乔木、周扬、杨静仁、梅益、武光等中国社会科学院和国家民委领导，也都十分关心和支持成立事宜，并就诸多具体工作环节，如首任所长的遴选、人员招募、办公条件、业务范围、成立地方分支机构等，分别做出过具体指导。申请报告呈送中央后，得到时任中央委员会秘书长的胡耀邦同志批示，再经国务院批准，这家以少数民族文学为研究对象的专门学术机构，就正式列入中国社会科学院的体系中了。现在查询中央机构编制名录，可见少数民族文学研究所批准成立于1979年的信息。此时中国社会科学院已指定人员组成了少数民族文学研究所筹备组，开始租房办公、调入干部、招募业务人员等工作。1980年初，社科院办公厅下达了启用研究所公章的通知。这一年的10月10日，民文所召开了首次全所大会，宣布贾芝为首任所长。假如用生孩子来比喻，1979年是拿到了"准生证"，1980年孩子出生。这样看来，这个研究所成立于1979年或者1980年的说法，都不能说不对。

刚成立民文所的那几年，各种困难可想而知。光是租用办公地点就大费周章，以致数度搬迁。草创初期，难免事情繁杂，问题丛生，加之人事变动，院方就决定把这个尚未成规模的小单位并入历史悠久、阵容强大的文学研究所。幸亏民文所的有关领导向院方陈情，强调民文所独立存在的理由，认为断不能裁撤，建议经过整顿使其发展壮大。院方采纳了这个意见，民文所才得以作为一个独立机构保留下来。谁承想数年后波折又起——院里的六个研究所被两两结成一组，以"联合党委"和"合署办公"的安排，为最终并所做铺垫。在体制上，民文所与文学研究所的财务、人事和外事等工作还是各自独立运作的，但领导班子和行政办公室是合二为一的。当时，文学研究所的前后两任所长张炯和杨义都同时兼任两个研究所的所长，民文所这边先后有几位副所长勉力支撑。所里的同人们多不愿被收编，胼手胝足，为学科的建设和发展做出了卓越的贡献。这些工作成绩逐渐赢得了院方首肯，随着产生自民文所的新一任正所长的任命，"合署办公"算是正式结束。

民文所自成立以来，一直致力于研究中国从古代到当代的少数民族口头文学和书面文学。规划、实施和承担过一系列国家社会科学基金重大项目和院级重点课题，尤其是在少数民族文学史／文学概况丛书编写、三大史诗和中国史诗学、各民族文学关系、口头传统与口头诗学、少数民族神话、中国少数民族文学资料学建设，以及非物质文化遗产保护等领域有突出成绩。

民文所目前设有蒙古族文学研究室、藏族文学研究室、北方民族文学研究室、南方民族文学研究室、民族文学理论研究室、作家文学研究室、民族文学数据与网络研究室、《民族文学研究》编辑部。中国社会科学院大学（原中国社会科学院研究生院）少数民族文学系创建于1983年。按照本院"集中办院，按所设系，分片教学"的原则，该系设在民族文学研究所，现有中国少数民族语言文学和民俗学两个专业的硕士学位和博士学位授予权。建系30多年来，为中国少数民族文学研究和国家文化建设事业培养了一批批专业人才。由民族文学研究所主管的机构和研究中心主要有：全国《格萨（斯）尔》工作领导小组办公室、中国少数民族文学学会、口头传统研究中心、中国少数民族文化与语言文字研究中心等。2000年以来，该所围绕"中国少数民族文学研究资料库／口头传统田野研究基地／中国民族文学网"推进信息化建设和理论方法论创新，这一协同发展的工作机制已取得预期成效。

这些年来，在中国社会科学院党组的领导下，民文所在繁荣发展少数民族文学研究事业的大方向上，步伐是坚定的，成就也是突出的。在第一代学者所开辟的学术格局和研究进路上，后继者们在相关领域既有继承，也有创新。过往的成果，在建所20周年和30周年出版的纪念文集中有所反映。在刚刚过去的十年间，民文所在若干学术探索上有深化，有开拓，有调整。例如，把众多少数民族的口头语言艺术视为非物质文化遗产加以保护和研究，进而延伸到口头传统研究领域，则是晚近合于时代大潮的拓展，这也多少反映在这部文集当中。当前，少数民族文学学科的发展面临难得的历史机遇。习近平总书记代表党和国家，多次在重要报告和讲话中述及作为中华民族优秀文化传统之代表的"三大史诗"，并将"三大史诗"与唐诗宋词、都江堰、布达拉宫等相提并论，从体现中国人民伟大创造精神的高度予以评价和肯定，这是以往从来没有过的。从事少数民族文学研究的同人们，自信心和自豪感空前高涨，纷纷发愿要竭尽全力做好学术工作，不辜负这个伟大的时代。

一个学术机构的分量和声望，主要不是看其规模大小和隶属关系，而是取决于骨干成员的专业作为如何和学术传统的代际传承情况。民文所能有今天的地位和影响，我们不能忘记老一代学者的功绩，特别是他们中的杰出代表——中国社会科学院学部委员杨义，以及荣誉学部委员贾芝、刘魁立、张炯、仁钦道尔吉、郎樱诸先生。当年在中央民族学院执教的马学良教授以兼职副所长的身份参与了民文所的管理工作，并主持研究生学位教育工作；王平凡所长起初代表社科院政治部为推动民文所的成立付出心血，又在面临困难之际受命主持大局，完成整顿。

前辈们的筚路蓝缕和奉献精神至今依然激励着后来者的成长。今天，民族文学研究所的科研队伍，与建所之初相比，已是旧貌换新颜。在职业务人员中32人拥有博士学位，在全所科研人员中占比为84%，其中少数民族学者来自13个民族，多半研究室主任由少数民族学者担任。研究所业务骨干绝大多数至少通晓一门少数民族语言，有长期在域外学府研修的经历,能够熟练利用外文资料,还有若干人经常在国际学术刊物上发表论文,在境外出版专著的情况也不少见。总之,专业训练扎实、语言能力出色,立足本土传统、放眼国际学术,是这些学者的共同特质。

我于1986年入职民文所。在34年的科研工作中,我既目睹了蹒跚和徘徊,也见证了跨越和疾走。在近20年的管理工作岗位上,会有不得不面对的种种:不舍地目送那些到年龄的学者离开办公室,悲恸地告别故去的同侪,也常常欣喜地迎接青年才俊前来加盟。

力行而不惑。民文所这一学术共同体经40载风吹雨打,锤炼了肌体和魂魄。前面的路还很长,今后的任务也格外艰巨。在文集即将付梓出版之际,我衷心祝愿这支多民族的文学研究团队,更加团结,更有斗志,更上一层楼。

(原载于《力行而不惑:纪念中国社会科学院民族文学研究所建所40周年论文集》序言,北京:中国社会科学出版社,2020年)

如何看待少数民族文学的价值

中华文化是生活在中国境内的各民族在长期的历史发展进程中共同创造的。当我们今天讲中华民族"多元一体"的时候，主要指的是中国政治上一体、文化上多元的基本特征。其实，若再进一步说，小而言之，少数民族文化是中华文化的重要组成部分；大而言之，是人类文明的宝贵财富。至于文化多样性对于人类的价值和意义，联合国教科文组织在其《世界文化多样性宣言》中已有精要概括："文化在不同的时代和不同的地方具有各种不同的表现形式。这种多样性的具体表现是构成人类的各群体和各社会的特性所具有的独特性和多样化。文化多样性是交流、革新和创作的源泉，对人类来讲就像生物多样性对维持生物平衡那样必不可少。从这个意义上讲，文化多样性是人类的共同遗产，应当从当代人和子孙后代的利益考虑予以承认和肯定。"

概括一点说，中国境内这些各具特色的少数民族文化，当然是人类文化多样性的生动见证，也是繁荣发展祖国丰富多彩的文化，维护各民族团结和国家统一，增强中华民族的凝聚力和向心力的重要资源。历史上尽管也有族群之间的冲突和对立，有矛盾和斗争，但主流和总体态势，是各民族在政治制度、经济生活和文化创造上长期相互学习和借鉴，沟通和交流，进而在各自的发展中，以多种多样的方式，生动印证文化通过共享获得繁荣进步的普遍规律。从一定意义上说，这也是中国文化道路的基本样貌。在世界上种族冲突和文化冲突频仍的今天，中国文化道路的反思和总结，就具有很强的现实意义。

少数民族文化对整个中华文明所做出的贡献，今天仍然以多种方式存在，其中相当大一部分仍然很好地保存在少数民族民众当中，是他们日常生活的一部分，而且容易识别。在宗教信仰实践、语言文字使用、艺术创造欣赏、宇宙自然认知、生计劳作操持、社会人伦赓续等方面，都体现出他们惊人的对环境的适应能力和思想文化方面的创造能力。另外，还有不少文化，已经长期为诸多族群所共享，不大容易看出渊源了。在观念信仰、经济生活、政治和社会管理智慧、军事思想、艺术创造、语言文字使用等方面，充分地彼此借鉴和相互融合，就形成了中华文明博大精深的胸襟和气度。举个很久以前的例子，成书于北魏末年的中国现存最早的农学专著《齐民要术》里，就有不同族群之间文化交流的内容。有学者总结说，其中至少记录了少数民族在育种和引种方面、畜牧文化和畜牧技术方面，以及饮食文化方面，对中原文明曾做出很大贡献。

拿少数民族文学领域的情况做进一步讨论，有助于我们更好地理解主张文化多样性的必要性，也有助于更好地实施中华优秀传统文化传承发展工程。在中华文学（文化）的大格局中，如何理解少数民族文学的价值、意义和功能呢？

它们首先是各民族人民通过语言文字对自己独特的生活经验和感受进行艺术把握和表达的成果。于是，这里就出现了不同于汉民族生活场景的各具特色的风景画和风俗画，出现了描摹和歌颂草原游牧文化、渔猎文化、绿洲农业文化、高原农业文化等的文学。在中国文学人物形象的长廊中，不仅有皇帝和官僚、地主和资本家、军阀和士兵、工人和农人，有牧人、猎人、渔人，有可汗和巴依老爷，还有土司和奴隶、毕摩和东郎等。

从文学样式说，在中国文学的谱系中，就在诗词歌赋、小说散文之外，增添了"三大史诗"和以创世史诗、迁徙史诗为主要类型的南方史诗群；增添了阿肯弹唱、好来宝、约隆歌、克智论辩、目瑙纵歌等特有的文学形式。

在中国文学家的长廊中，在屈原、李白、杜甫、关汉卿、龚自珍、鲁迅、巴金等之外，还有仓央嘉措、尤素甫·哈斯·哈吉甫、耶律楚材、萨都剌、尹湛纳希、哈斯宝等，有伟大的口头诗人琶杰、康朗英、扎巴、朱乃等。

在浩如烟海的汉族文学经典作品之外，还有《越人歌》《白狼王歌》《敕勒歌》《福乐智慧》《蒙古秘史》《萨迦格言》《米拉日巴十万道歌集》《一层楼》等文人创作，也有《格萨（斯）尔》《江格尔》《玛纳斯》《苗族古歌》《勒俄》《厘俸》《布洛陀》《黑白战争》《召树屯》《珠郎娘美》《仰阿莎》《艾里甫和赛乃姆》《萨丽哈与萨曼》《少郎和岱夫》《成吉思汗的两匹骏马》《阿诗玛》《嘎达梅林》等脍炙人口的口头文学经典。

诚然，由于真正通行本民族文字的少数民族不足10个（虽然拥有文字的民族超过20个），而中国境内的语言有130种——根据一些语言学家的晚近调查统计。所以，在人们印象中少数民族文学主要是民间口头文学。实际情况是，从中华人民共和国成立后，各个少数民族的书面文学获得了飞速的发展，产生了数量可观、影响很大的各类作品。

从学术研究的角度看，少数民族文学，以其多样化的存在方式，为研究文学的外部规律和内部规律提供了极为鲜活的材料和极大的阐释空间。此处仅以数例稍事说明。譬如，一个民族的文学从民间口传文学向文人书面文学发展的过程，究竟有哪些规律应当认识和总结？屈原已经离我们很遥远，许多观察和分析无从进行了。可是在少数民族这里，就在20世纪，不少民族拥有了他们自己的第一代作家。这就为研究文学从口传向书面的演化提供了鲜活的样本。再如，众所周知，在中外文学发展历程中，都先后出现过文史不分、文艺不分的现象。但是在发达国家和地区，再想要实地调查和切近研究这种现象，就很不容易了。可是对于研究少数民族文学的学者而言，这简直不成问题。他们随处都能见到一个大型口头叙事，里面有关于创世的推演，关于迁徙的记忆，以及关于英雄的颂歌，如《亚鲁王》。也很容易看到，一个大型的集体舞蹈场面，如"目瑙纵歌"，就同时是景颇族的历史起源、宗教信仰、道德观念、音乐、舞蹈艺术等的大型综合性叙述和表演。又如，以民间文艺家的类型而言，世界上罕有像藏族《格萨尔》艺人这样在一个口头艺术样式里集中诸多传承者类型的事例——神授艺人、掘藏艺人、圆光艺人、闻知艺人、吟诵艺人等。对他们各不相同的传承方式进行精细研究，一定会有十分有趣的发现。于是，长期研究少数民族文学的学者，就会形成更为宏阔的关于文学的理解。假若看到一段青藏高原上的集体舞蹈，被告知这是关于世界起源的叙事，他们不会感到大惊小怪；看到贵州麻山的东郎给躺在棺材中的逝者吟唱《亚鲁王》，他们也不会因为接受美学的范式被颠覆而不知所措；看到内蒙古高原上的某个语言大师在即兴演述时随兴致抻长或压缩故事时，他们也不会因为教科书上关于文学叙事样式的长度界定而困惑；在四川凉山观察一段以仪式为框架的艺术叙事时，他们不会斤斤计较于故事的"完整性"，因为知道还有其他尺度在规范着演述；他们更不会找到一个著名口头诗人，记录一次故事演述，就宣称已经掌握了某个文学"作品"，因为他们知道，他们手中的材料，不过是"一次"记录，这个记录文本可能就是一个被意兴阑珊的歌手大大压缩了的故事样本，不足以体现那个故事的全貌。总之，少数民族文学领域，以其极为丰富多样的存在方式，构成了文学大花园中那些令人叹为观止的瑰丽景象。虽然经过几次较大规模的搜集和整理，但到今天为止，还远说不上已经全面掌握了资料。沟通交流的屏障、语言文化的屏障、观念认识的屏障，都大大减缓了搜集整理工作的步伐。至于立足于这些材料的研究，则刚刚冒头。精彩的、立足于这些鲜活材料的、能够极大地修正乃至颠覆既有文学观念的研究，还在蓄势待发。至于随着新技术的大量运用，把少数民族文学中那些最具魅力的部分以创新的思维、合乎时代情怀的手段呈现出来，成为艺术创造的源泉和供人欣赏的精品，还只是我们殷切的期待。

总之，少数民族文学的历史发展过程及其成就，是人类艺术创造能力的生动见证。我们尤其对那些不可再生的文学遗产和文学活动，抱有崇高的敬意。它们所具有的文化样板意义，是怎样评价都不过分的，我们应当格外珍视和保护才是。在今天的国际大环境下，维护人类和平，强调发展的可持续性，鼓励不同文明之间彼此对话、尊重和欣赏，已经成为国际社会的共识。在中国，各民族之间文化的交流和学习，欣赏和共享，也已经成为越来越多人的共识。

（原载于《光明日报》2017年4月10日）

民俗学学科建设的"少数民族"维度

今天民俗学和相邻学科的发展,已经到了需要重新反思学科定位、规划学科未来发展的关键时期,也就是说,需要相关从业人员,从内部和外部两个方面,对民俗学、民间文学、少数民族艺术、少数民族文学等学科的相互关系、未来发展走向和学科层级归属等方面,做出有利于学科今后发展的适度调整。

从现有高等教育的运作体制和格局来看,民俗学和民间文学,虽然在归口上分属不同的一级学科,但在实际教学中,使用某些变通的办法,在其他学科方向的帽子底下,培养民俗学领域的学生,这已经是到处都能够看到的现象。这种实际培养与统计归口不统一的做法,已经产生了一些不良结果,就是在教育部的统计口径上,一些原本是民俗学或者民间文学方向的学生,在毕业后,壮大了其他学科,例如中国古典文学等的声势,而令我们自己的学科和学术方向，陷入相当尴尬的境地——每年毕业人数显得不足，威胁到学科今后的生存和发展。这种情况，在中国少数民族的民俗学和民间文学研究生培养环节上，也屡屡发生，需要通过对典型案例的分析，结合对教育体系晚近发展背景的深入理解，因地制宜地思考合理的解决办法。

钟敬文先生多年前就提到，中国的民俗学是"一国多民族的民俗学"。这个论断，是深入体察中国民俗学学科实际的结果，应当认真领会。中国晚近高等教育中的民俗学学科，与民间文学学科和中国少数民族语言文学学科，有着深层次的关联。厘清它们之间的关联和区别，特别是如何从学科发展战略的角度规划学科发展的未来，给出某些既有现实针对性，又符合学科发展自身规律的建议，仍然是摆在我们面前的一个迫切问题。

以中国社会科学院研究生院的教学为例：该院的中国少数民族文学系，这些年来，同时招收中国少数民族文学方向和民俗学方向的硕士和博士研究生。在教学中，这两个方向的学生往往同时遴选相同的专业基础课和专业课，只是在自己选定的方向上，形成各自专业方向的区隔。例如，文学方向的同学往往会回到导师的专业方向划分上，从事维吾尔族、蒙古族、南方民族、藏族等"族别文学研究"。而民俗学方向，则在制度和规定上，对招收学生的族属和民族语文能力，不做特别要求和限定。对于考上来的学生，也尊重他们各自的学术选择和兴趣，也不排斥民俗学学生专攻汉族民俗的某些领域。

当然，在这个小环境里，无论哪个民族的学生，愿意学习其他民族的语文，都会得到特别的鼓励。这就从制度上保证了以学术为导向的理念，而不试图建构某种带有政策性倾斜的教育体系。当然，中国社会科学院研究生院少数民族文学系的做法，对一般高校而言，不具有普遍适用性。因为它们在专业方向的设立和人才培养制度的建设方面，有相当的自主权，可以不完全受教育部的钳制。

不过，考虑到当下高校设立博士点的新规定，适度强调"少数民族学科维度"，对民俗学学科的建设和发展，是有利的。如果说，一些原本没有少数民族文学教学和研究传统的高校科系，都因为拥有在中国文学一级学科名下自主设立中国少数民族文学二级学科的条件，而积极考虑增设少数民族文学方向的博士点，那么，民俗学就更应当这么做。根据有关学者的大致推断，在整个中国非物质文化遗产宝库中，少数民族所创造和拥有的遗产，占到名录总量的80%。民俗学作为专门研究老百姓传统文化的学问，更没有理由不大力发展少数民族的民俗学了。

加强少数民族民俗学的学科建设，我认为至少有如下几个理由：

第一，从中国民俗学的学科创立和发展传统看，它从勃兴之初，就没有将少数民族及其文化排除在研究对象之外。歌谣学的最初实践活动区域，就有来自少数民族聚居区的歌谣展示。这个传统，今天就更没有理由不坚守了。

第二，中华民族是一个大家庭，其中的每一个民族，都是这个大家庭不可分割的成员。各少数民族群体与中华民族共同体的血肉联系，它们在参与建构中华民族共同体的过程中所形成的历史地位和作用，都令有关各少数民族的知识和遗产合理合法地、无可争辩地成为国家学术的一部分。在中国的民俗学学科建设和发展中,大力发展少数民族的民俗学,是与大力发展中国民俗学的总目标相一致的。

第三,中国境内的各个少数民族,分属于几大语系——汉藏、阿尔泰、印欧、南岛和南亚等。他们各自所长期居住的自然环境、与之相适应的生产生活方式以及产生于其基础上的知识体系和信仰体系、社会组织方式和其他活动等,彼此间差别相当明显。它们是民俗学生长、发展和获得丰收的肥沃土壤。对少数民族民俗活动的深入研究,不仅具有阐释特定文化传统的意义,也有提供观照文化范例并提炼和抽象出文化活动通则的范式意义。

第四,中国少数民族民俗的有关研究,已经有可观的发展历史,形成了自己的某些特色,积累了宝贵的学科经验,如蒙古族,在百多年前就产生了自己的民俗学著作。今天,在内蒙古地区,一些民俗学理论和方法的课程,也还是用蒙古语讲授的。这是中国民俗学学科特色的一个显著方面,是我国民俗学学科建设的难点所在,挑战所在,也是机遇和光辉前景所在。也就难怪有些邻国的学者，钦羡我们是拥有如此丰厚宝贵的民俗遗产和活形态民俗活动的国度。

第五，在联合国教育、科学及文化组织和国际社会，尤其是国际人文学界的大力倡导下，人类社会越来越意识到，非物质文化遗产作为人类知识和经验的重要一翼，与作为另一翼的人类有形文化遗产一道，为人类的文明和进步，做出了巨大的贡献，具有不可替代的意义。非物质文化遗产的方方面面，恰恰是民俗学的主要研究对象。民俗学在人类今后的发展和进步中，在总结人类宝贵经验和教训方面，都将发挥更大的作用。在当代系统化教育的知识教授体系中，民俗学不仅应当拥有一席地位，还应当拥有发展优先权，享受优先扶持的地位。当前对该领域人才的需求，国家文化建设战略中对非物质文化遗产抢救、保护、研究等环节工作的全面铺开，都对民俗学的人才培养提出了新的要求。比较而言，少数民族的民俗学人才更为缺乏，这方面的需要也就更为紧迫。

第六，国际民俗学的学科发展历程，对我们有参照借鉴意义。在一些国家中，例如芬兰，民俗学在树立民族自信心,强化民族认同方面,发挥了极为重要的作用。今天,民俗活动与国家和社会的实践活动,有了更为紧密的联系。美国史密森学会经常举办的民俗学大型展示活动,就是一个新的征兆。另外,在美国民俗学界,有大量民俗实践者积极参与其间,推动和改变了民俗学的发展走向。在美国的教育体系中,民俗学的发展,并没有因为新媒体技术的发展、都市化进程的进一步加快、传统生计方式远离老百姓的日常生活,而变得失去了血色和动力。这些,都给了我们很好的启示,也给了我们信心。

总之,给民俗学学科注入活力,让它能够更为合理平顺地发展,是我们每个民俗学领域的人都热切关注并希望实现的。

(原载于《温州大学学报(社会科学版)》2011年第6期)

口头传统:人文学术新领地

一个名为《口头传统》(Oral Tradition)的半年刊,于1986年在美国创刊。刊物封面使用红白两色,醒目大气。刊名中嵌入一位长须飘动的老者拉着古斯拉琴吟诵诗歌的图像。这个刊物的出现,标志着一个新的人文学术领域——口头传统研究正式走上前台。看看它的编委会名单,就知道这是一个跨学科的领域:有古典学家如斯坦福大学的爱德华兹和哈佛大学的哈里斯两位教授,有人类学家如开放大学的非洲研究专家费尼根教授,有民俗学家如加州大学的邓迪斯教授和印第安纳大学的鲍曼教授,有"民族志诗学"的代表人物弗吉尼亚大学的戴默斯教授,还有若干区域文化研究和专题研究的专家,如专攻俄罗斯文化的布朗大学教授阿兰特、擅长拜占庭希腊文化的悉尼大学教授杰弗里、着力于圣经研究的麦吉尔大学教授库里等。有近三十位来自世界上不同地区的声名显赫的专家聚在一起为一个刊物出力，可见刊物所具有的吸引力。

所谓"口头传统"包含两层意思：广义的口头传统指口头交流的一切形式，狭义的口头传统则特指传统社会的沟通模式和口头艺术（verbal art）。民俗学和人类学意义上的口头传统研究通常是指后者。口头传统是一个民族世代传承的史诗、歌谣、神话、传说、民间故事等口头文类以及相关的表达文化和其他口头艺术。按照美国学者朱姆沃尔特的说法，西方口头传统研究的前辈，可以追溯到18世纪和19世纪，德国的赫尔德和格林兄弟，芬兰的伦洛特，挪威的阿斯比约森等人是这些前辈学者中的翘楚。按照当时的学术思考，他们试图解决的问题是：口头传统究竟起源于何时、何地？口头传统在人类从原始到野蛮再到文明的进程中，发挥了什么样的作用？进入20世纪后，追随口头传统研究的，有"历史—地理"学派和"地域—年代"假说，再后面还有"文化方法论"和"功能主义"流派。在"文本模式"的研究趋向中，俄罗斯普罗普的"形态学"研究和美国帕里和洛德开创的"口头程式理论"至今影响不衰。与上述潮流和学派比肩而行的，还有结构主义、解释学、精神分析法、民族志诗学、演述理论、女权主义理论等，总之，在口头传统这个方向上，学说迭出，大师蜂起，一派繁荣景象。

如果说这些学术前辈的贡献，还是口头传统研究的"孕育期"的话，那么，它的"催产素"，应当算在"书写论"的头上。在20世纪60年代初，在不到一年的时间里，几部重要的著述不约而同地面世，引发了关于人类心智的大辩论。这几部书是传播学家麦克鲁汉的《古腾堡星系》，结构主义人类学家列维-斯特劳斯的《野性的思维》，社会人类学家杰克·古迪和小说理论家伊恩·瓦特合写的论文《书写的逻辑成果》，以及古典学者埃瑞克·哈夫洛克的专论《柏拉图导言》。美国哈佛大学的古典学者哈夫洛克和英国剑桥大学的人类学家古迪是史称"书写论"的代表。他们两人不约而同地认为，人类认知的发展是古希腊字母文字的发明和传播的逻辑成果。以列维-斯特劳斯等人为代表的史称"连续论"的观点，与之形成对立。他们质疑人类认知的发展与现代理性是"字母书写"的"逻辑成果"的说法，宣称过分夸大书写的作用是不对的，主张口承与书写在本质上都负载着相似的功能，它们在心理学上的差异不应过分强调；二者的载体确有区别，可视为谱系和过渡的关系云云。

学术争鸣到这个深度，焦点已然不是价值论问题，而是本体论问题，也就是文化哲学的问题。文字在人类文明中的作用，或者口头传统应当如何评价，已经降格为次要的问题。一扇新的知识之窗向人们打开了，大家蓦地发现，我们既往的目光是何其狭隘！由于对信息传播的演进历程缺少完整的了解和反思，我们重文字而轻口传；由于对积累、筛选和存储知识以推动文明进化的宗旨缺乏深度认识，我们在框定"经典"和"遗产"时充满了偏见。总之，如果把人类作为一个整体看待，那么，在知识和文化的建构中，这个物种的既往工作，既有骄人成绩，也有重大缺失。好在这也是一个善于从错误中学习的物种。在学界的引领下，新的理念正在逐步形成之中。口头传统的重要性，越来越为社会所认识。联合国教科文组织从1979年以来，多次出台文件，呼吁其成员国调查、立档、保护、复兴和研究"人类口头和非物质文化遗产"，就是这种反思和补救举措的有力证明。

事有必至,理有固然。近年来,在对大型古代口头叙事的研究和当代无文字社会叙事的研究中,人们惊讶地发现,口头文化中不仅可以而且确实生长出了人类心智和文化的伟大奇迹,例如长达10万"颂"的印度口传史诗《摩诃婆罗多》,以及长达数十万诗行的藏族口传史诗《格萨尔》。它们的创编、记忆、表演、流布和保存,无不体现了口传文化的博大精深和神韵妙谛。有学者关于人的大脑只能记忆大约4000诗行的论断,如今变成笑谈。长期存在的视民间口头创作为简单粗鄙的偏见,已不值一驳。这些口头和非物质文化遗产,不仅是民族文化传统的重要组成部分,也是全人类共同的文化遗产和精神财富。就我国而言,由各民族所创造的口头文化遗产的丰富性罕有其匹。许多文类样式具有独特的艺术魅力,长期以来深受民众喜爱,如史诗类大型英雄叙事、藏戏等戏曲艺术、十二木卡姆等民间弹唱艺术、侗族大歌和蒙古族长调等声乐艺术、彝族"克智口头论辩"等语词艺术,都为我们提供了极大的审美享受,并以巨大的艺术生命力、丰厚的文化内涵、多样的传承方式，成为中华民族文化整体内容的重要组成部分。在国际上，口头传统作为一个新的人文学术领域，已有规模。以手边找到的美国材料为例，在全美大学中讲授与口头传统相关课程的，涉及许多科系和专业，如英语、外国语、民俗学、人类学、宗教学、历史学等。其中，下面这些课程响应热烈：口头与书写文化的理论、一般民俗学理论、民俗与文学关系、非洲口头传统、美洲口头传统、圣经研究、英语传统、古典学、言语和故事讲述、妇女研究等。可见，口头传统作为一个重要的和晚近出现的学术方向，得到了人文学界诸多领域的重视和积极响应。在我们这个拥有丰厚民间文化遗存和活形态少数民族口头传统的国度中，口头传统的研究也当能大放异彩。

（原载于《光明日报》2006年5月29日）

作为文化文本的口头传统

一

英国遗传学专家安东尼·玛纳克教授领导的一个研究小组通过基因研究发现，人类开口说话的起点，在距今20万年到12万年。他们的研究成果公布在《自然》（*Nature*）刊物上。他们的发现可以简单概括为：在老鼠和所有灵长类动物身上，都有一种让语言表达"行不通"的属于5%最稳定遗传物质的FOXP2基因。在生物进化史上，在人类、黑猩猩和老鼠"分道扬镳"的13亿年中，FOXP2蛋白质只变了一个氨基酸。而在人类和其他灵长类动物"人猿相揖别"的400万到600万年，两个语言基因中的氨基酸在人类身上却完成了突变，并在漫长的进化过程中最终进化为遗传性基因。科学家们计算的结果是，这个遗传基因的关键性突变，就发生在距今大约20万年到12万年之间。[1]他们由此得出结论说，人类这个物种说话的历史至今已经有12万到20万年之久。

说话的历史是如此悠久。那么人类另一项重要的信息技术——文字的发明和使用的历史有多久呢？下面是美国学者约翰·迈尔斯·弗里（John Miles Foley）对这两种人类最重要的信息技术的比较结果。他首先声明可以退一步保守地把人类会说话的历史算作是从距今10万年开始的，进而把这10万年当作一年，于是，在人类掌握了信息沟通和交流技术的这一年中，口传和书写的时间关系是这样的：

人类媒介纪年表

1	中东记数符号	公元前8000年，第328天，相当于11月22日
2	巴尔干前书写字符	公元前5300年，第338天，相当于12月2日
3	埃及书写传统	公元前3200年，第346天，相当于12月10日
4	美索不达米亚楔形文字	公元前3100年，第346天，相当于12月10日

---

[1]《光明日报》2003年2月14日。

续表

5	印度文字	公元前2500年,第348天,相当于12月12日
6	闪米特文字	公元前2000年,第350天,相当于12月14日
7	克里特线形字母甲	公元前1800年,第351天,相当于12月15日
8	线形字母乙	公元前1550年,第352天,相当于12月16日
9	腓尼基文字	公元前1200年,第353天,相当于12月17日
10	希腊字母	公元前775年,第355天,相当于12月19日
11	玛雅和中美洲文字	公元前500年,第356天,相当于12月20日
12	亚历山大里亚图书馆	公元前250年,第357天,相当于12月21日
13	中国印刷术	750年,第360天,相当于12月24日
14	古腾堡印刷厂	1450年,第363天,相当于12月27日
15	切罗基文字	1821年,第365天,相当于除夕早8点
16	打字机	1867年,第365天,相当于除夕中午
17	现行国际音标字母表	1993年,第365天,相当于除夕夜23:24分
18	因特网	1997年,第365天,相当于除夕夜23:24分

注:笔者译自约翰·迈尔斯·弗里《怎样解读口头诗歌》(John Miles Foley, *How to Read an Oral Poem*, University of Illinois Press, 2002)。

弗里这个"人类媒介纪年表"颇有名气，它让我们直观地清晰地看到口头传统和书写技术在时间轴上的对应关系。它有力地告诉我们第一个基本事实：人类会说话的历史很长，书写的历史却比较短。

文字书写一旦被发明和使用，就给信息的存储和传承带来革命性的变化。不过，我们还要知道另外一个基本事实，那就是文字在很长时间里并没有得到广泛使用。这是因为掌握文字需要专门的长期训练，而由于历史上生产力水平和社会分工的制约，掌握文字成为一件很不容易的事情。在许多地区和文化传统中，在漫长的历史进程中，一直是很小一部分人掌握文字（如欧洲的贵族和僧侣们），这种情况基本没有例外。这就告诉我们第二个事实：即便在有文字可用的文化中，书写也只是承载了信息传承的一小部分，口头传统的使用则广泛得多。

历史上是这样，今天的情形是怎么样的呢？根据联合国教科文组织公布的世界语言地图来看，全球各地一共有7500到10000种语言。他们分属不同的语系，具有不同的传承途径，拥有很不相同的特征。这些语言中只有数量相当有限的一小部分发展出了书写系统。大多数语言是没有相应的文字的。中国的情形也差不多：语言学家的说法是，中国境内各个族群一共讲着超过130种语言，而真正发展出文字并广泛使用的连其中的十分之一都不到。即便在一些拥有民族文字的少数民族群体中，文字的使用也是相当有限的。例如藏族，其书写系统已经传承千年之久，但直到20世纪中叶，根据统计，每百人中会读写的人只有个位数。这种情况并不是个例。这就告诉我们第三个事实：在科技高度发达的今天，以全球人口、文化传统、语言数量和信息总量做综合考察，书写技术也远没有完全占据压倒性地位。

综上，我们可以得出这样的结论：在人类漫长的历史进程中，口头传统在延绵时长、发生频度和传播规模上长期占据压倒性优势地位；在书写技术发展起来之后，口头传统仍然长期居于相当重要的地位，与书写技术形成有颉颃、融合之势；在今天的世界上，口头传统仍然是许多文化传统得以传承延续的重要手段，在不少文化传统中还是唯一手段，远没有被书写文化淹没取代而消失踪影。

二

如何界定文化文本，来自不同学科的学者秉持宽狭不一的定义和尺度。在文化人类学和民俗学等学科看来，一个有意义的符号串当然是一个文本，就像一组图像、一段旋律、一个讲述、一段舞蹈等都是文本一样。口头传统诉诸听觉，是听觉的符号串。虽然在历史上口头传统长期占据主要地位，但因为技术手段的欠缺，以及文化偏见的影响等，学术上对口头传统的观察和总结却是长期缺位的。不过话说回来，体系化的学科建设虽未能产生，但是对口头传统有所认识和评述的历史在东方和西方却都不算短。从中国的《诗经》到古希腊亚里士多德的《诗学》，都曾涉及从口头传唱到文字写定的问题。《诗学》对口头诗歌的艺术特性还多有总结性意见。不过，从学术研究立场追溯口头传统的学理性思考，按照美国学者朱姆沃尔特（R. Zumwalt）的意见，是开始于18—19世纪的"大理论"（Grand Theories）时期。下面是她对一些与口头传统有关联的西方重要人文理论流派的梳理，意在简要勾勒该学术方向的进路和理路：

与口头传统有关联的西方重要流派表

方法论分类	具体方法和理论	关于口头传承的观点	代表人物
18—19世纪起源研究的"大理论"	浪漫主义的民族主义	一个民族民间精神的表达	赫尔德
	文化进化学说	原始或野蛮时代的遗留物	泰勒
	太阳神话	自原始神话诗歌时代以来的语言疾病	缪勒
20世纪"机械论"的起源研究	芬兰历史—地理学方法	书面文本按地理分布采集资料	鲍亚士
	地域—年代假说	口头文本的资料采集地理分析	奥利克
文本模式	史诗法则	从文本法则中产生的口头传统	奥利克
	口头程式理论	作为记忆手段和传统参照的文本形式	帕里，洛德，弗里
	形态学方法	关注口头传承样式的内部结构	普洛普
结构主义和解释学方法	结构主义方法	作为深层结构体现的口头传承	列维－斯特劳斯
	象征—解释学方法	作为自我写照的口头传承	格尔茨
	结构主义—解释学方法	口头传承作为深层结构和个人表演	费尔德

续表

方法论分类	具体方法和理论	关于口头传承的观点	代表人物
精神分析学说	精神分析方法	作为心理投射的口头传承	邓迪斯
民族志诗学	民族志诗学	翻译呈现诗学的和戏剧的特色	特德洛克,海莫斯
演述理论	演述理论	作为创作过程的口头传承	鲍曼,纳拉扬
女权主义	女权主义理论	作为权力和性的社会存在的口头传承	霍利斯,米尔斯,伯欣,谢辽莫维奇,艾里斯·扬
本真性	本真性	审视对于口头传承所做的种种理论假设	本迪克斯,汉德勒,林那金

注：该表引自罗斯玛丽·列维·朱姆沃尔特（Rosemary Levy Zumwalt）的《口头传承研究方法纵横谈》(*A Historical Glossaty of Critical Approaches*)

在大约两百年的学术发展中，关于口头传统的认识日渐清晰起来。当然就该表格而言，它是按照问题域来排列的，所以不能按照时间轴线来理解。不过，通过这些问题丛的罗列，我们可以形成如下几方面的看法：

第一，口头传统曾长期被作为材料以印证特定的理论假说。从赫尔德开始，口头传统得到重视，着手展开了搜集、整理、翻译、阐释、研究工作。在那些学者看来，口头传统是"原始知识"或是"远古的回声"，是以今证古的好材料。

第二，随后的研究重点转向了对其内部构造和生成法则的讨论。口头文本成为与书面文本一样的独立完整的存在，可以进行单元切割，可以拟构各个单元之间的逻辑关系等。

第三，对其意涵的研究逐步大行其道。精神分析方法被大量采用，以说明口头文本如何投射了主体的社会文化心理等。

第四，作为权利和性的折射的口头传统成为女权主义研究的对象。这时，口头传统再次被当作印证关于社会结构和权力结构的理论假说的材料。

第五，口头传统的生成和传播过程的研究，吸引了一些学者的兴趣。"演述过程"中各要素的作用，以及它们如何合力制造和传播意义，是以"演述理论"为代表的一派学者的贡献。

第六,如何理解不同文化中的口头传统,这个问题引起了一些试图建构"民族志诗学"学者的重视。他们发现不同文化中的学者,对待哪怕十分相似的文化现象,也会产生诸多的认识错位。该学派虽然兴盛的时间不长,但是他们提出了一个饶有兴味的问题:文化间对话该如何进行?

三

以哈佛大学教授阿尔伯特·洛德(Albert Lord)的著作《故事的歌手》(*Singer of the Tales*,1960年)出版为标志,口头传统的研究,得到稳固的推进。随后展开的关于口头性(orality)与书面性(literacy)关系的大论战,引发了来自不同学科学者的论战。传播学家麦克卢汉、人类学家列维-斯特劳斯、古典学家哈夫洛克、历史学家杰克·古迪等人文学界巨擘纷纷加入论战。今天看来,其结果非常具有建设性:一则,《口头传统》(Oral Tradition)学刊得以在美国密苏里大学创办(1986年),进而围绕刊物聚集起大批优秀学人,在口头传统领域开展精耕细作,迄今已然形成可观的阵营和影响力。再则，口头传统研究的旗手弗里随后创立了"口头传统研究中心"（Center for Studies in Oral Tradition），着意开展口头传统的研究。他还编纂了《口头传统教程》（Teaching Oral Tradition），梳理了在美国高校中开展与口头传统相关课程的授课情况。最重要的是，2003年联合国教科文组织公布的《保护非物质文化遗产公约》，可以看作国际社会认定人类社会在长期发展中倚重口头传统传承文化这一事实。而这份公约的出台，学界在口头传统方面展开的大量研究功不可没。我们都知道，公约约定要保护的五大类非物质文化遗产，第一类就是口头传统，而且口头传统不仅占据首位，它还是其他四大类所赖以传承的最主要手段。

在今天的国际学术语境中，谈论人类文明进步，分析不同的文化传统，却要绕开关于口头传统的讨论，这简直是不可想象的，也是陈腐的和脱离时代进步的。拿美国来说，在其高等教育机构中，开设与口头传统相关课程的科系和专业有：英语、外国语、民俗学、人类学、宗教学、历史学等。其中专业化程度颇高的课程方向包括：

口头与书写文化的理论、一般民俗学理论、民俗与文学关系、非洲口头传统、美洲口头传统、《圣经》研究、古典学、语言和故事讲述、妇女研究等。在中国,关于口头传统的研究更是具有特殊的意义。如前述,中国境内语言多,文字少。在广袤的少数民族地区,大量的知识和信息是通过口耳相传得以存储和记忆、传承和流布的。忽视这些宝贵的口头传统资源,我们顶多能获得一些片段的、局部的信息。即便在汉族地区,直到20世纪中叶,文盲人口数量还十分惊人。孔孟之道、四书五经、百宋千元、屈原李白,固然是中原文化傲人之处,但也不能忘记古往今来在数量上远超文化人的众多文盲,在他们中间也同时传承着数量可观的以往不见诸文字的各类信息。就以语言艺术而言,晚近要出版的《民间文学经典大系》,无论就数量还是就重要性而言,比起书面传统来,那也是不遑多让。

总之,口头传统当之无愧是文化文本中重要的一翼,就像文字文献是重要的一翼一样。

(原载于李继凯、叶舒宪主编:《文化文本》第一辑,北京:商务印书馆,2021年)

蒙古族史诗《江格尔》

名列中国"三大史诗"之一的蒙古族史诗《江格尔》是蒙古族口头文学经典中的杰作,已当之无愧地进入我国第一批非物质文化遗产代表作名录。《江格尔》以口头方式主要流传于卫拉特蒙古人中间。迄今为止,在俄罗斯的卡尔梅克蒙古人聚居区和我国新疆天山两麓,都有这部史诗的发现和记录。其他地区也偶见零星的报告,只是规模和影响不大。

《江格尔》最初为外界所知,应当归功于德国旅行家贝格曼(B. Bergmann,1772 — 1856)。在最初以德文发表的笔记《卡尔梅克游牧记(1802—1803年)》中,他为我们保留了在俄国阿斯特拉罕地区游牧的卡尔梅克人当中流传的两个《江格尔》片段。贝格曼还提到,《江格尔》在民间是家喻户晓的,可见当时流传颇盛。

此后,对史诗《江格尔》的搜集工作在俄罗斯境内陆续展开，俄罗斯地理学会派出多名学者到民间搜集记录蒙古族史诗。到19世纪中叶，《江格尔》手抄本也陆续被发现。1864年，喀山大学教授卡·郭尔斯顿斯基以托忒文发表了《沙尔·古尔古之部》和《哈尔·黑纳斯之部》，相较于以前的德文和俄文译本，这是该史诗的首次原文出版。但真正重要的搜集成果，还应该是于1908年记录的由卡尔梅克歌手鄂利扬·奥夫拉（Eela Ovlaa, 1857—1920）演唱的10个诗章的《江格尔》。这个记录本于1910年在彼得堡出版，这个版本影响很大、传播很广。后来，卡尔梅克学者阿·科契克夫将在俄罗斯境内近两百年的《江格尔》搜集成果，做了汇总并于1978年在莫斯科刊行。该版本总共有25诗章，25000诗行。这两种刊本，也都先后在中国印刷出版。

我国在史诗《江格尔》的搜集史上长期默默无闻，在20世纪80年代之前，有过《江格尔》史诗的某些信息披露。比如，边垣根据同牢房人的讲述写成的《洪古尔》，是中国境内出版的最早的江格尔故事（1950年上海商务印书馆出版）。比较系统的搜集工作，开始于1978年。内蒙古大学和新疆的几位学者，从事了最初的《江格尔》搜集记录工作。他们先后访问了40余位江格尔奇（《江格尔》演唱歌手），录制了50多个诗章的《江格尔》文本。不仅如此，他们还在伊犁州特克斯县找到了两种手抄本，分别是《哈尔·黑纳斯之部》和《残暴的沙尔·古尔古之部》。关于这两个手抄本的年代，目前学界还没有统一的意见。

以后，在新疆进行的《江格尔》搜集记录工作，一直没有中断，并很有中国特色——政府官员、研究机构、学者个人等多方介入，组织的各项展演活动和研讨活动也比较多。

那么，《江格尔》究竟讲述的是一个什么样的故事呢？是什么原因让它引起社会各界的关注呢？

故事梗概是这样的：主人公江格尔两岁时，家乡遭到了蟒古斯（魔王）的蹂躏，父母被害。他父亲的好友、大力士蒙根西克西日格救了他。刚刚三岁的孤儿江格尔，就已经能手握兵器，身跨骏马，勇敢出征了。在后来的岁月里，他建立了无数功勋。宝木巴国的臣民推举他为圣主江格尔可汗。但蟒古斯敌人不甘失败，经常伺机侵犯宝木巴国。江格尔率领他的12位"雄狮"、35名虎将和8000个勇士，打败了进犯的敌人，保卫了宝木巴家乡，扬名44国。江格尔有着非凡的才能，他所建立的是一个理想的乐园，那里"没有冬天和严寒，四季如春阳光灿烂；没有痛苦和死亡，人人永葆青春时光；没有潦倒和贫穷，只有富足和繁荣；没有孤儿和鳏寡，只有兴旺和发达；没有动乱和恐慌，只有幸福和安康；珍禽异兽布满山头，牛羊马驼撒满草原；和风轻吹，细雨润田"。

《江格尔》是一种特殊结构的史诗，它在构造上不同于许多我们熟悉的史诗，例如荷马史诗或欧洲中世纪史诗。《江格尔》由许许多多内容上互相有联系的诗章构成（诗章，蒙古语叫 bölög）。每一个诗章都是一个独立的故事，又是整个史诗系统的一个有机部分。在演唱中，各个诗章之间没有约定的顺序。综合各种文献和调查资料，我们大体可以知道，一位出色的江格尔奇，在演唱特定的诗章之前，通常要先交代序诗。在许多诗章中，真正的故事主角往往并不是江格尔，而是他手下的某位大将。这部长篇系列史诗的主题，主要是关于战争和格斗的，婚姻主题的诗章，也占有一定的比例。偶尔也有关于兄弟结拜等内容的。可以说，征战和婚姻，是这些故事的核心主题。

关于《江格尔》的产生年代，历来有不同的说法。从资料分析看，卫拉特人在西迁伏尔加河之前，就已经拥有了这部史诗。这也是这部史诗在中国新疆和俄罗斯的卡尔梅克两个地方都有流行，而且这两个地方的版本极为相似的原因。另一个证据是，在这部史诗中有一些天山两麓的地名，而基本上没有与伏尔加河和周围地区有关的地名。

有人从社会组织关系等的分析入手，认为《江格尔》应当是"四卫拉特"形成前后出现的，那是公元15世纪到17世纪。还有人分析了史诗中的一些比较古老的习俗和其他因素，认为史诗的产生年代还应当再向前推。诚然，史诗中确实存在一些古老的母题，不过，那些进入史诗的构成要素形成的时间，例如某些古老的意象和母题，不等于史诗形成的时间。因为，口头传承的史诗，一般要经过雏形、扩展、成熟和衰微几个阶段。它就像一条溪流，从遥远的模糊的过去缓缓流淌过来，它一定会把源头的和沿岸的泥沙水草等，也一齐带给我们。试图逆向地断定哪些东西属于哪个时段，以我们今天的认识能力和手段，是没有把握的。历时的历史叠层共时地呈现出来，是所有这一类民间叙事的特点。学界历来认为，断定口传史诗形成时间是比较复杂的事情，这也是《江格尔》的产生年代迄今没有定论的原因。

当今社会，经济飞速发展，传统文化受到空前的威胁，处境濒危，《江格尔》也不例外。在20世纪80年代的普查中，新疆有记录的江格尔奇超过100位。今天，他们中的绝大多数已陆续离开了我们，千百年来传唱的关于草原英雄的故事就要成为绝响。这不能不令人担忧。好在新疆和布克赛尔的孟根布拉克小学里的学生们，热衷于传习和演唱这些故事，让我们看到了希望。

（原载于《民族画报》2008年第3期）

"寻踪江格尔故乡"系列丛书序言

近年,定位于族群文化和地域文化的各类出版物面世颇多,其中不乏编排精美、蕴含深厚之作。在洋洋大观的书海中,这套"寻踪江格尔故乡"从立意到架构,皆有特色。以我之见地,究其大端,简述如下:

其一,开宗明义,以颇负盛名的英雄史诗《江格尔》作为和布克赛尔地域文化的核心。我们知道,名列中国著名"三大史诗"的《江格尔》,2006年实至名归地入选了中国第一批非物质文化遗产代表作名录。《江格尔》的传唱,保守地说,也有数百年历史。以往的收集、整理、介绍、翻译、出版和研究的成果众多,广为外界所知晓。中外学者大多认同这样的说法,即《江格尔》产生于卫拉特蒙古人当中,并经由一代代史诗歌手的传承和增益,获得了高度发展,成为超级的英雄叙事诗,规模巨大、气势宏伟、人物众多、情节跌宕、语言丰富、韵律优美,是罕见的民间文化瑰宝，放射着民众诗性智慧的伟大光芒。

其二，以《江格尔》作为推介地方文化的纲，尽得先机。在我看来，与其说《江格尔》是一部文学作品，毋宁说它是个叙事传统，它是"无形"的，活在人们的口耳之间。这就给直观地描摹它增加了难度，却也给多方面地阐释它带来了便利。这个故事群落，不仅经过千锤百炼，成为口头传统中的经典，而且融入了社会生活的方方面面，成为民众地方性知识的百科全书。换句话说，《江格尔》可谓无处不在。

其三，随着阅读，由近及远，由艺术情境转入历史时空中，这无疑加深了我们对英雄叙事的体认，也加深了对这片土地和人民的体认。历史与现实的对接，艺术视域与当下场景的交融，加大了我们思索和感悟的维度。我们这是在谈论《梅花鹿谷地》。其中的宫廷密谋、阵前厮杀、建造都城、颁行法典，无不引人入胜。至于一时俊杰的谋定而动，一个汗国的兴起衰败，莫不令人或击节称赏，或扼腕唏嘘。历史大舞台上，不也是你方唱罢我登场，展演过多少英雄豪杰的传奇！

其四，对一种文化产生兴趣，往往从某些细节开始。生活在和布克赛尔这块土地上的人们，过着怎样的生活？《草原的盛宴》就给我们做出了周到的解答。这里，不仅有优美的自然风光，也有温馨的民俗画卷。小到一衣一食，大到年节庆典，从普通民众的日常生活，到达官贵人的排场考究，都被刻画得丝丝入扣。如果说蒙古族文化是人类文化的瑰宝，那么，这块宝石的五光十色，正是来自它那不计其数的玲珑的切割面。这里所展示的，正是这样一些细小的人生切割面。

其五，是丛书之外的议论。和布克赛尔向以《江格尔》演唱水平高、歌手多著称。时下，当地政府和民众都对围绕《江格尔》开展文化建设有热情，有举措。此地不仅有当代最著名的江格尔奇（江格尔演唱者）朱乃，也有一班少年演唱者。雏鸟初啼，虽显稚嫩，却让我们看到了希望。《江格尔》已经传唱了很久，还会传唱下去的。

"寻踪江格尔故乡"丛书策划者嘱我为此书增序，美意难却，就写了上面的文字。

（原载于"寻踪江格尔故乡"丛书序言，2009年）

史诗《江格尔》田野随笔

蒙古民族有悠久的英雄史诗演唱传统。在流传至今的数量巨大的史诗文本中，可以见到许多相当古老的成分。但是，蒙古族史诗理论建设的主要成就，有相当部分是由国外的学者完成的。这是我们很大的缺憾，也构成了我们努力的动力。中国境内的蒙古族史诗的存在状况，是大有特异之处的，能充分利用这种得天独厚的条件，进行深细的分析研究，提出有深度的理论思考，则会为国际性蒙古族史诗研究，进而对整个史诗的研究，做出与我们的资源条件和能力相应的贡献。

这次田野作业的地区，主要是在博尔塔拉蒙古自治州的温泉县和巴音郭楞蒙古自治州的巴音布鲁克地区。由于蒙古族牧民居住分散，一部分人还处于传统的游牧生活状态，寻找他们本身就成为一种挑战。我们有相当一部分时间是在路途上用掉的。其中从博乐市到巴音布鲁克地区的行程，由于有了在夏季的夕阳中翻越海拔4000米雪山的经历，使得穿越伊犁州的两个整天的旅程成为最令人回味的经历之一。有不止一位在那里从事过蒙古族史诗搜集工作的人说过，每年可以深入游牧生活的腹地进行调查的时间，只是夏秋两季。对这个，我们也深有体会。8月初的巴音布鲁克草原，早晨可以看到小水泡子里结的薄冰。牦牛在靠近雪线的地方悠闲地吃草。而当地的蒙古族牧人，正在做进入深山过冬的准备。那里大雪一到，就几乎与世隔绝了。骑马也成了必须具备的技能之一，因为在那些最偏远的地方跋山涉水，汽车是无能为力的。我们也有过这样的经历：根据当地人提供的信息，辗转行程上百公里，最终还是没有找到某个如此热爱游荡的《江格尔》演唱艺人。

据20年之前的普查，在新疆境内的江格尔奇（会演唱一部以上的艺人）一共有100多位。各地也都组织过大型的《江格尔》史诗演唱会。加上一些报告中充斥着的乐观语调，给人们留下了《江格尔》的演唱活动依然十分活跃的印象。我们的实地调查可以纠正这样的印象偏差。从若干个案考察得到的资料显示，在新疆蒙古族群众中流传的《江格尔》演唱，与几十年前上百年前国外学者在俄罗斯的卡尔梅克地区和蒙古国的西北部地区调查到的情况极为相似。它是放牧守夜或者是漫长冬夜里的消遣手段，它也会为特定的节日或者是喜庆活动增添欢乐气氛。但它不是一种经常性的群众娱乐活动，也少见到很大的规模。自从贵族阶层瓦解，对这种特别的民间演唱活动给予鼓励和提供资助的社会势力就消失了，也没有了旨在提高技艺水平而组织的艺人之间的竞赛活动（这令人想起与荷马史诗相关的"泛雅典盛会"）。以我们采访过的钟高洛甫为例，他作为已经进入新疆江格尔奇名录的艺人，从最后一次对他进行录音采访到我们前往调查，这中间有将近20年时间，他就居住在原来的地区，邻居们也都知道他是江格尔奇，可是他居然再没有机会演唱给大家听！而且他所在的巴音布鲁克，是蒙古族人口比例最高的地区，也是游牧生活方式保存得比较完整的地区。其余地方的演唱活动就可想而知了。在钟高洛甫所在的夏营盘的附近，我们还采访了几位上了年纪的当地男女牧民。其中多数人告诉我们，他们听说过这部史诗的名字，但他们从来没有亲历《江格尔》演唱。不过从某些江格尔奇后代的回忆来看，江格尔奇曾经是一种职业，因为有的演唱者以此为生。

女江格尔奇也占有一定的比例。我们在采访中，见到过一位，还有从朝勒屯的追述中，得知他父亲演唱的《江格尔》就是跟一位名叫哈日布呼的女江格尔奇学习的。《江格尔》在许多情况下是散文叙述。但是根据钟高洛甫的说法，在历史上，江格尔奇都是"唱"的，现在才都改为"说"了。这里有个重大的分别：根据我们的了解，所谓"唱"就是韵文体的，而所谓"说"，则是散文体的。就英雄史诗的典型形态和传唱特点而言，它是应该以韵文为一般形态的。世界上著名的口传史诗遗产莫不如此，其中一些在步格上和韵律上还相当严整。至于散文体的出现，可以理解为该演唱传统的衰落所导致的在语言和叙述层面上技巧的全面退化，在若干业余爱好者心中，只留下了基本的故事梗概和以往被使用得最为频繁的程式化的表述方式。

在《江格尔》的演唱中，还有一些传说是过去的调查报告所没有提及的，这里出现的比如说拴黄头绵羊、拴白马等。它们对研究与《江格尔》相关的民俗会有一定的价值。现在我们所能够见到的，是民间的业余讲述活动，吟诵的水平就显得参差不齐，这可以从个别声名远播的艺人与会讲述一两个片段的普通爱好者之间艺术水准的巨大差别上得到印证。后来我们获得的材料和信息表明，像歌手冉皮勒这样的艺人，是师从著名的江格尔奇学习演唱的，在他身上比较好地保存了民间演唱中的传统风格和技巧，比如模式化的讲述方式，程式句法的大量运用，等等。这些引起我们对传统的《江格尔》演唱的思考。我们要知道，史诗的流传是通过什么样的方式进行和完成的？在以往不太规范的史诗田野作业报告中，没有提供能够有助于回答这类问题的足够信息。艺人学艺过程的充分调查，一向就没有认真进行过。我们似乎认为，歌手是遵循着一个特定的演唱模式和固定的故事情节线来讲述故事的。一旦他们没有遵守我们心目中代他们树立的某种"规范"，我们就认为他们是因为长时间没有演唱而变得对"底本"生疏了，或者是由于紧张而没有能够发挥出应有的水平。所以在出版的时候，我们就为他们做了修订整理的工作，将不同异文中的因素，经过适当的削删增补，而整理成某个"完整"的文本。通过这次田野作业，我们认为恰恰是在这里，反倒孕育着新的学术问题的生长点：在巨大的社会结构性动荡中，在社会关系经过天翻地覆的重组，从而重新模塑了民众的心理的时期，在外来文化大规模进入，造成大量新的文化因素产生的时期，就像卫拉特人民在20世纪以来所经历过的几次生活巨变那样的特殊时期，一些在传统生活基础上产生的文化，因此会发生很大的变化，这是正常的现象。在这个变异时期，民间文化的自我保护机制是怎样发挥作用的呢？换句话说，在新的社会历史条件下，究竟是什么样的因素会比较稳定地保留下来？又有哪些因素会逐渐被人们遗忘？就拿史诗的研究来说，什么是史诗中的相对稳定的"层面"？除了英雄人物和基本的故事线索以外，在业余爱好者那里，有多少传统性的高度模式化了的因素被保留下来了？对这些问题的回答，既具有挑战性，也有学术价值。

在史诗传承中，被作为稳定因素而在业余歌手那里得到很好保存的因素之一,是"固定的程式片语"。我们多次注意到,在他们结结巴巴的、显然已经十分生疏了的叙述中,总是点缀着极为流畅的表述单元,这些单元,就是"程式片语"。根据我们的理解,这些表述单元,绝不仅仅是构成史诗的"语言材料",而是史诗诗学的核心要素之一。它牵涉到史诗创作中复杂的文化心理活动规律。

我们田野作业的另一个重要收获,是印证了我们对史诗演唱基本特性的理解,根据我们在其他地方见到的田野调查,大型的史诗类作品的演唱,从来就不可能靠出色的"记忆力"所能够胜任的。纵然我们见到了关于背诵文本的报告,但那不是典型的例子。就像在史诗的演唱者队伍里,也有少数是靠念书面文本来表演的。从严格的意义上讲,他们已经不算是民间艺人了,而是最一般意义上的朗诵者。有一些田野工作者,根据现场观察,认为这样的现象是有的,即在出色的民间艺人的表演中,出现过根据观众的要求增加某些演唱成分的事例。但是这只是沿着正确的方向,前进了一步。其实不仅是增加某些成分,艺人的每一次表演,都应该被理解为一次创新。对照不同场次的演唱文本，我们已经发现了这个问题。不过，我们还是十分乐意在现场的田野作业中得到准确的印证。果然，在为期两天的对钟高洛甫的田野调查中，我们一共请求他为我们把"完全相同"的史诗演唱了3遍，而3次的详略程度有很大的差别。所以，尽管艺人们几乎毫无例外地宣称，他们是依照祖训忠实地演唱，不能删改和增减，而在实际上，没有人能够做到这一点。这一点，对于理解史诗的创作规律，是至关重要的环节。因为，与此相应的，我们将要讨论对于歌手而言，什么是他的构筑诗歌作品的"部件"，或者通俗地称之为"建筑材料"。很显然，在演唱之前，歌手事先是知道他的故事将要怎样进行的，知道故事中人物之间的关系，知道故事进展中的主要事件，还知道故事将要怎样结束。那么，他是怎样在现场表演的压力下，流畅地叙述的呢？对这个问题的回答，要从精细的文本分析入手进行。具体程序是：结合着演唱现场的语境因素，对某特定文本进行评注式的记录。在此基础上，进行句法的分析：句式结构的构成、特性修饰语的运用、一些短小的固定搭配，例如说到军旗、武器、场景、拼杀、逃跑等的模式化策略。对它们做量化分析和模型分析，找出其出现的频度和规律，从而总结出史诗演唱的基本句式和格律特点，进而上升到口传史诗的诗学层面，进行理论的总结。

（原载于《中国民族》2001年第3期）

朝向未来 面向大众
——古老常新的《格萨(斯)尔》史诗传统

《格萨(斯)尔》史诗位居中国少数民族三大史诗之首,它在多个民族地区流传,但以藏蒙地区为主。藏族民众称之为《格萨尔》,蒙古族民众称之为《格斯尔》,近年学界经常将这两个主要传统合称为《格萨(斯)尔》。我国的《格萨(斯)尔》史诗的大规模保护工作迄今已经开展了四旬有余,这期间每年都有多种资料辑录类和研究类出版物面世。不过,今天看到《格萨尔史诗通识读本》即将与读者见面,还是十分开心。这本书的特别之处在于,它凝结了老、中、青三代学者的心血,其中一半的内容都出自青年学者之手,目标读者也主要是高校的青年学生。这一指导思想是朝向未来的,值得充分肯定。

我国党和政府长期关心和多方面支持《格萨(斯)尔》工作。早在1957年,中宣部曾就《格萨(斯)尔》

工作专门签发文件。1959年毛主席接见著名蒙古族《格斯尔》艺人琶杰。1980年民族文学研究所成立之初,由国家民委和中国社科院在四川峨眉山联合召开了被业内称为"峨眉会议"的第一次《格萨(斯)尔》工作会议。在这次会议上,为促进和推动全国《格萨(斯)尔》工作,成立了以贾芝同志为组长的协调全国《格萨(斯)尔》工作的领导机构。1984年,中宣部签发7号文件,批转《中国社会科学院关于进一步加强〈格萨(斯)尔〉工作的报告》,批准成立全国《格萨(斯)尔》工作领导小组,专门负责组织、指导和协调全国《格萨(斯)尔》工作。这个"领导小组"由国家民委、文化部、中国文联、中国社会科学院四个部委的领导和《格萨(斯)尔》流传的七个省区的有关领导共同组成,办公室设在中国社科院民族文学研究所。与此同时,在西藏、青海、四川、甘肃、云南、内蒙古、新疆七个省区分别成立了《格萨(斯)尔》工作领导小组和办事机构。多年以来,多位党和国家领导人曾作过重要指示和批示,有力地推动了《格萨(斯)尔》工作。2014年以来,习近平总书记也数次提及"三大史诗"《格萨(斯)尔》《玛纳斯》和《江格尔》，称其为"震撼人心的伟大史诗"，视其为中华民族文化遗产中的经典。2019年在内蒙古赤峰博物馆，习近平总书记同《格萨(斯)尔》非物质文化遗产传承人代表亲切交谈，并表示党中央是支持扶持少数民族非物质文化遗产保护和传承的，这为少数民族文学文化事业的未来发展进一步提供了强大动力。

德国哲学家黑格尔曾说中国没有史诗，一度让很多中国学者感到很"恼人"。后来随着少数民族史诗传统的发现，我们可以很骄傲地说，我们是有史诗的；随着搜集工作的大规模展开，今天我们还可以更骄傲地说，我们是有丰赡蕴藏的史诗大国。

我们知道，世界上许多国家的民众都非常重视他们的史诗传统。自从联合国教科文组织设立《人类非物质文化遗产代表作名录》以来，许多国家都把他们的史诗当作代表性的文化遗产，申报进入《人类非物质文化遗产代表作名录》。这也从一个侧面说明，史诗传统往往是一个民族文化的丰碑和文学的高峰，是民族自豪感的源泉、创造力的见证和认同感的根源。

为什么说史诗很重要呢？在我看来，可以大致从这样几个方面来看：首先是它的内容丰富，篇幅宏大，历史文化的分量是很重的。其次，它的题材重大，往往涉及全民族的命运。再次，史诗主人公往往是一个民族审美理想的生动化身。关于善良、正义、忠诚、勇敢、爱国等品性，都集中生动地体现在史诗主人公的身上。最后，史诗的艺术风格崇高庄严，有很强的艺术感染力。综合以上几点，史诗往往被称作一个民族文化的百科全书，史诗的语言艺术往往就代表一个民族语言艺术的高峰。

《格萨（斯）尔》就是这样一个长久传承的、内涵异常丰富、文学和文化价值巨大的叙事传统。

过去几十年的《格萨（斯）尔》研究工作的重心是随着时代的变化而发生着变化的。在国家层面的重视下，目前的《格萨（斯）尔》研究工作取得了较大成绩，做好相关史诗研究工作，既是贯彻落实党中央关于少数民族文化的抢救、保护、传承、复兴、发展的基本工作方略，也是增强民族自信心自豪感，继承好千百年传承下来的优秀文化的重要举措。

当前，国际社会对史诗的重视程度不断提升，今后的史诗研究将持续发展，前景广阔。但也要承认，史诗演述是文学活动，更是生活事件；史诗固然是生动的故事，但掌握和传承它并不容易，因为史诗往往体量巨大，包罗万象。想要全方位地了解和阐释史诗，可不是一件能轻易做到的事情。在生活节奏加快，阅读趋向于细碎的当下，阅读卷帙浩繁的史诗作品更是很大的挑战。

在2009年，由中国申报的"《格萨（斯）尔》史诗传统"和《玛纳斯》成功进入联合国教科文组织《人类非物质文化遗产代表作名录》。我们的史诗工作又增加了保护非物质文化遗产的维度。这几年在政府主导、民众广泛参与、学界持续介入的形势下，《格萨（斯）尔》工作上了新台阶。民众的参与热情、惊人创造力和他们对本民族文化的真挚情感和奉献精神，都令人感动，让我们看到了《格萨（斯）尔》的伟大存续力和生命力。

在这本通识读物中，诸多学者从各自的角度对以往研究成果进行了出色的梳理和呈现，其中体现跨学科多方法思想的篇什，是由中青年学者贡献的。我们看到了学问的代际传承，看到了新锐的开拓创新。于是，一个既有资深学者铢积寸累的经验，又有青年学者革故鼎新的见地交错叠加的成果，就奏响了一曲多声部的交响诗。

在我看来，精深专业的研究和惠及大众的普及工作是同样重要的。《格萨（斯）尔》的普及工作至少有如下意义：

第一，《格萨（斯）尔》具有多重文化艺术价值：一是认识价值，《格萨（斯）尔》是在长期的历史发展中形成和传承的，它承载了大量的历史文化信息。二是教育功能，史诗歌颂什么、肯定什么、摒弃什么、反对什么，就以潜移默化的方式，长期模塑了相关社区民众的人伦规范、好恶情操、精神境界等。三是美育作用，民众的审美理念在这里有集中的体现。

第二，史诗本身是民间文化艺术生命力的一个生动见证，是民间口传文化的高峰。虽然历史上形成过一些抄本和刻本，但《格萨（斯）尔》主要是口头传承的。可能有人会说，《格萨（斯）尔》不就是个大型故事吗？有那么高的文化价值吗？我可以告诉大家，这个叙事传统可不简单，它不光是一个故事，还是一部民族文化的百科全书，从天文到地理、从动物到植物、从历史到文化、从个人到社会、从肉体到灵魂都蕴含其中，堪称文化的宝库。

第三，习近平总书记在党的十九大报告中提出，要"推动中华优秀传统文化创造性转化、创新性发展"，这句话为今后我国文化建设事业的发展指明了方向。推动中华优秀传统文化的创造性转化和创新性发展，就需要我们立足当下，深入研究优秀传统文化，发掘其当代价值，从而推动新时代的新发展。科学技术的飞速进步带来了无数新的契机和新的可能。例如知识生产、传播和应用的景观已经发生巨大的变化。大数据、海量存储、便捷搜索等，带来新的学术维度和新的学术生长点。各领域之间亘古未见的广泛合作和交互影响的时代已然来临。以笔者比较熟悉的非物质文化遗产工作而论，其历史轨辙、现实遭际、地方知识、美学品格、传承规律、实践方式、社会功能、文化意义等，都在通过迥异于传统的方式和平台，以难以想象的速度和广度传播和接受。声音、文字、影像、超文本链接、云技术等，即便没有取代传统非遗的存在方式和传播方式，也已经成为非遗传承和传播的新业态、新走向。能够大为便捷地接触到非遗，就为人们的学习和欣赏、继承和发展、改编和创新提供了极大的便利。

这本读物的编写，就是为推动《格萨（斯）尔》的"创造性转化、创新性发展"做出的有益尝试。希望青年朋友们能够通过这本书来了解史诗、关注史诗、热爱史诗，希望有更多的人加入我们的阵营，共同推动史诗等民众诗性智慧的"创造性转化、创新性发展"。

（原载于《格萨尔史诗通识读本——朝向地方知识的现代性阐释》序言，北京：中国社会科学出版社，2020年）

传唱千年　泽被后世
——《格萨(斯)尔》工作的几点体会

《格萨(斯)尔》史诗传统主要流传于我国藏族和蒙古族人民之中，在周边几个其他少数民族中也能见到传唱。不仅如此，一代代歌手那铿锵优美的"有翼的语词"（史诗学术语）还飞出国界，落脚在蒙古国、俄罗斯、巴基斯坦等五个国家的民众当中，成为人们所珍爱的叙事传统和口头艺术。

回想起2009年9月，我国的"《格萨(斯)尔》史诗传统"被联合国教科文组织批准进入《人类非物质文化遗产代表作名录》，消息传来，我们所的藏文室、蒙文室和全国《格萨(斯)尔》工作领导小组的成员，都高兴得不得了。多年来的艰苦付出和耐心等待，终于得到了精彩的结果。我们深知，这一伟大的史诗传统，是藏蒙民众诗性智慧的结晶，是人类非物质文化遗产精品中的精品，无愧于人类宝贵的文化财富这样的称号。

《格萨（斯）尔》工作的成绩，与我们党和政府的民族文化政策分不开。早在1957年，中宣部曾就《格萨（斯）尔》工作专门签发文件；1959年毛主席接见著名蒙古族《格斯尔》艺人琶杰；1984年中宣部签发关于《格萨（斯）尔》抢救工作的7号通知。此后，由文化部、国家民委、广电总局、中国文联、中国社会科学院等部门单位，会同西藏、内蒙古、青海、四川、甘肃、云南、新疆史诗流传的七个省区，成立了"全国《格萨（斯）尔》工作领导小组"，并在中国社会科学院常设领导小组办公室。领导小组成立初期，多位党和国家领导人都曾作过重要批示和指示。20世纪90年代以来，党和国家领导人多次以不同方式表达了对《格萨（斯）尔》工作的关怀。这都是我们今天的工作能够取得一些成绩的大前提。

我们还要怀着感念的心情，郑重提到我们可爱的老一代学者。他们不仅在几十年前极为艰苦的条件下，筚路蓝缕，开启了这项壮观的事业，而且通过言传身教，培养了一批能够出色承担学术工作的后学。铢积寸累，到今天，我们可以骄傲地说，分藏在几个地方的音声资料，达到了惊人的 7000 余小时；陆续誊写出来的文本更是卷帙浩繁，已经出版的藏文、蒙古文和汉文的史诗资料和译本，超过百种。《格萨（斯）尔》史诗传统的国际认知度和影响力也在迅速提升。"《格萨（斯）尔》千年纪念"项目曾被列为"2002—2003 年联合国教科文组织参与项目"。

首先，这一史诗传统有着广阔的流布地域，多民族的共享，多种语言的表达形式，多种类型的民间艺人，多样化形态（音乐、绘画、舞蹈、戏剧、雕刻、风物古迹等）的承载，以及高度语境化的传承传播方式，这些复杂而鲜活的因素都为《格萨（斯）尔》工作带来了超乎想象的难度，同时也为投身其间的学者和机构带来了莫大的挑战。其次，如何确保活形态史诗传统的生命力和代际传承，如何为后世留存珍贵的口头传统范例，也是当下非物质文化遗产抢救和保护中的重要课题。再次，学术工作还与国家文化建设方略有着密切的关联，《格萨（斯）尔》工作对于促进各民族间的文化对话和交流，进而对于彰显我国多元文化生态的壮观景象，都有很强的作用。最后，作为古老的族群叙事和口头演述艺术，史诗传统折射着人类文化表达的纵深光谱，以其富赡的人文内涵成为有广阔发展前景的学术攻关项目。所以说，《格萨（斯）尔》这项注重"当下"文化实践活动的工作，既有现实紧迫性，需要各方力量同心协力，积极应对；同时又因其厚重的资料学建设任务和有待深拓的学理空间，成为一项长期的系统化工程，要求我们面向未来，精耕细作，为探索人类表达文化之根，为光大中国多民族史诗传统做出不懈的学术努力。

（原载于《中国社会科学报》2010年5月11日第14版）

传唱千年的《格萨(斯)尔》

中国藏族、蒙古族、土族等民族共同传承的"《格萨(斯)尔》史诗传统",是关于古代英雄格萨(斯)尔神圣业绩的宏大叙事,以韵散兼行的方式讲述了格萨(斯)尔王为救护生灵而投身下界,率领岭国人民降伏妖魔、抑强扶弱、完成人间使命后返回天国的英雄故事。凭借一代代艺人杰出的口头艺术才华,史诗在中国西部高原的广大牧区和农村传承千年,全面反映了藏族及相关族群的历史、社会、宗教、风俗、道德和文化,至今仍是民众历史记忆和文化认同的重要依据,也是中国族群文化多样性和人类文化创造力的生动见证。

《格萨(斯)尔》史诗以其独特的串珠结构,融汇了众多神话、传说、故事、歌谣、谚语等,形成了气势恢宏、篇幅浩繁的"超级故事"。史诗说唱传统在一定意义上是地方性知识的汇总——宗教信仰、本土知识、民间智慧、族群记忆、母语表达等，都有全面的承载，史诗说唱传统还是唐卡、藏戏、弹唱等传统民间艺术创作的灵感源泉，同时也是现代艺术形式的源头活水，不断强化着人们尤其是年轻一代的文化认同与历史连续感，因而《格萨（斯）尔》史诗传统堪称民族文化的"百科全书"。2009年9月，"《格萨（斯）尔》史诗传统"入选联合国教科文组织《人类非物质文化遗产代表作名录》。

《格萨（斯）尔》史诗是世界上最长的史诗，堪称人类伟大的口头表达艺术生动鲜活的样本。

史诗是一种历史悠久的艺术，在世界各地文明传统中多有流布。古希腊著名的荷马史诗和神话，被公认是西方文学的滥觞。古巴比伦的《吉尔伽美什》、古印度的《摩诃婆罗多》、古英语的《贝奥武甫》、古日耳曼的《尼贝龙人之歌》、古法兰西的《罗兰之歌》、非洲的马里史诗《松迪亚塔》等，都曾经广为传唱，影响久远。古希腊的亚里士多德曾仔细讨论过史诗的内涵和特性，并给予这个艺术样式很高的评价，开创了人类认识和评述史诗的先河。地球各个角落的人们，依照各自的自然环境和文化传统，发展出形态各异、风格繁复的史诗演述传统。众多的史诗，已经成为人类口头演述文化的座座丰碑。

主要在藏族和蒙古族等民族中所传唱的大型史诗《格萨（斯）尔》，堪称人类伟大的口头表达艺术的一个生动鲜活的样本。它所具有的诸多特性，令人叹为观止。

《格萨（斯）尔》故事多如牛毛，不可胜数，是世界上最长的史诗。在《格萨（斯）尔》为世人所知前，西方的工具书说世界上最长的史诗是古印度的《摩诃婆罗多》，有10万"颂"，就是20万诗行。而《格萨（斯）尔》的长度，迄今没有很准确的统计，但我们可以大略地知道，藏族的史诗文本，已经记录下来的相互不重复的"部"，保守计算也超过100种，仅仅是韵文部分就超过100万诗行。

这样的规模，大概没有哪个歌手能够完整地掌握它。现年80多岁的藏族歌手桑珠能说唱65部《格萨尔》，他所唱《格萨尔》故事的大约三分之二，在陆续誊写和刊印中，计划中的规模是46卷，平均每卷400页，藏文散体排印，这是数倍于《红楼梦》的篇幅！他是目前公认能说唱《格萨尔》故事最多的艺人。因为《格萨（斯）尔》史诗传统仍处于发展变化过程中，我们很难确定其究竟有多少"部"，大约多少"字数"。对藏族内部而言，《格萨尔》还是他们唯一的史诗，这在世界上就很少见了，多数产生史诗演述传统的民族，都有丰厚的史诗群落，并不一枝独秀。藏族中的这个现象，与《格萨尔》的结构特点有关。它属于串珠式结构，具有很强的开放性，不断包容和吸纳新的故事内容，而且把藏族的许多叙事文类，如神话、传说、故事、民歌、谚语等，吸纳到史诗中，形成壮观的叙事画卷。在人类口头演述艺术的历史上，这也堪称奇迹。

《格萨（斯）尔》是流传久远和广泛的史诗，其传播地域广阔、涉及语言众多在世界上少见。《格萨（斯）尔》的演述歌手类型很多，仅以藏族歌手而论，按照说唱技艺的习得和传承方式的不同，主要分为神授艺人、闻知艺人、掘藏艺人、吟诵艺人、圆光艺人等几种类型。在上述五种艺人中，神授艺人是最为特别的艺人群体。他们大多自称有过奇异的经历，故事和讲述故事的能力来自"神授"。这些艺人大多生活在祖传艺人家庭或《格萨（斯）尔》广泛流传地区，有着较特殊的生活经历。他们记忆力超群，虽然绝大多数不识字，但他们却表现出惊人的口头创造活力，艺人们通常能说唱至少一二十部。

《格萨（斯）尔》还有抄本、刻本的书面传播形式，由此产生了抄本世家，世代以抄写为生。青海玉树的布特尕家，就是这样的家族。现存最早的藏文抄本（藏于西藏博物馆），时间上可以回溯到14世纪。现存最早的蒙古文刻印版本是1716年的北京木刻版《十方圣主格斯尔可汗传》。

《格萨（斯）尔》史诗还渗透到不同的艺术门类中，以格萨（斯）尔英雄为题材的艺术形式，包括唐卡（藏族卷轴画）、塑像、壁画、藏戏、弹唱等，从另一个侧面说明了《格萨（斯）尔》的普及程度和受到民众喜爱的程度。到了当代，《格萨（斯）尔》故事还进入影视、广播、小说等现代艺术形式中。在藏区，种种绘有格萨尔王形象的唐卡和工艺品以及史诗抄本和印本，被当地民众敬奉为能够驱邪除秽的吉祥物。

《格萨（斯）尔》的艺术魅力，还体现在它非凡的传播力上。《格萨（斯）尔》滥觞于青藏高原，那里蒙古人和藏族人长期比邻而居。《格萨(斯)尔》很可能首先在这两个民族中先后扎根,并随后在周边的民族中广为传播,在土族、裕固族、纳西族、普米族、白族等中间都有传唱,地域上跨越了西藏、青海、四川、甘肃、云南、内蒙古、新疆等多个省区。在境外,不丹、尼泊尔、锡金、印度、巴基斯坦、蒙古、俄罗斯等国也都有流传。传播地域如此广阔,涉及语言如此众多的语言演述艺术,在世界上还不多见。

传统生活方式变迁,史诗说唱传统赖以依存的文化生态发生巨变,史诗说唱传统面临挑战。

今天,《格萨(斯)尔》研究受到国际国内学者的重视,学术成果累累。国外学者从19世纪初开始系统地研究《格萨(斯)尔》,其中,法国学者大卫·妮尔和石泰安对藏族《格萨尔》的研究,成果卓著,影响深远。1839年,施密特院士首次以德文翻译出版了"北京七章本",把蒙古族的《格斯尔》介绍到国外。国内学者最早开始介绍《格萨尔》的,是任乃强先生,他在20世纪30年代撰写了若干文章在报刊上发表。

20世纪50年代以来,我国在史诗的搜集、整理、出版和研究方面,做了大量的工作。一大批优秀的民间艺人得以确认和立档,其中的佼佼者进入了省级和国家级名录。各种抄本、刻本、誊写本、整理本和翻译本等,蔚为大观。各地积累的声音文档和视频资料,数量巨大。用藏文、蒙古文和汉文等出版的各种版本的《格萨(斯)尔》超过100种,部分章节或故事梗概已被翻译成了英、俄、德、法、日、芬兰等国的文字出版。国内的《格萨(斯)尔》研究成果,已经出版专著约20部;研究集刊、集成、论文集等15部;发表于国内外学术刊物上的论文数量可观;在中国召开了五届《格萨(斯)尔》史诗国际学术研讨会,近年来的国际藏学研讨会上,均设有关于史诗《格萨(斯)尔》的专题论坛。"格萨(斯)尔学"已成为国际藏学研究和国际史诗学研究中的一个重要分支。

不过,《格萨(斯)尔》说唱传统也面临新的挑战——传统生活方式的变迁,导致史诗说唱传统赖以依存的文化生态发生巨大变化。近年来,一批老艺人相继辞世,职业化的艺人群开始萎缩;操持母语者数量下降,听众群体正在迅速缩小。为积极应对以上状况，在本土社会和民间文化的土壤上探讨史诗的传承规律和保护策略，作为《格萨（斯）尔》史诗传统的牵头保护单位，中国社科院民族文学所开辟了"口头传统田野研究基地"项目，推进一系列保护和振兴措施，为《格萨（斯）尔》史诗的存续和发展，摸索行之有效的举措。

（原载于《光明日报》2011年2月23日）

《亚鲁王》:"复合型史诗"的鲜活案例

在中国少数民族史诗出版史上,像苗族史诗《亚鲁王》这样甫一面世便引起媒体广泛关注的情况颇为罕见。2012年2月21日,史诗第一卷的首发式在北京人民大会堂隆重举行,此后,包括报纸和网站在内的国内主要新闻媒体都给予了详略不等的报道。媒体关注并热心宣传少数民族传统文化中的某些"新发现"是一件好事,但相关报道所传递的信息有的并不科学,有的失之确当。作为一名长期从事史诗研究的学者,笔者对《亚鲁王》的发掘、整理和出版进行了相应的跟踪。经初步考察和研究,在此略申陋见,以就正于方家。

一、《亚鲁王》呈现混融性叙事特征

根据传承和流布的地域、历史民族地理区和经济文化类群,中国各民族史诗可分为南北两大系统。北方民族主要以长篇英雄史诗（heroic epic）见长，南方民族的史诗则多为中小型创世史诗（creation epic）和迁徙史诗（origination epic）。

基于《亚鲁王》的演述文本和相关调查报告，笔者认为，从口头文类进行界定，《亚鲁王》当属史诗。至于可否径直将其称作"英雄史诗"，则需要深入研究；个别媒体称其为苗族"唯一的英雄史诗"，亦难成定论。因为从史诗内容上看，《亚鲁王》具有在中国境内流布的创世史诗、迁徙史诗和英雄史诗三个亚类型的特征，其中"创世纪"部分用大量篇幅讲述宇宙起源、日月星辰形成等内容，其后又生动叙述了亚鲁王为避免兄弟之间手足相残而率众远走他乡的筚路蓝缕，其间伴随着艰苦卓绝的战争杀伐，故而兼具迁徙史诗和英雄史诗的叙事特征。

在中国多民族、活形态的史诗长廊中，南方若干少数民族的叙事传统都兼具"创世""迁徙"和"英雄"这三个基本主题和传统程式，彼此间难分畛域。如彝族的《勒俄》、土家族的《摆手歌》、壮族的《布洛陀》等具有极广的时空维度，以贯古通今的气势和纷繁披覆的铺陈，高度集中地映射着一个民族探索人生、寄托理想的精神世界和历史观，生动折射出人类口头文化及其表达形式的纵深光谱。《亚鲁王》的面世，为我们思考"复合型史诗"（跨亚文类）提供了一个鲜活的当代案例。也正由于这种叙事上的混融性，使《亚鲁王》同时集纳了神话、传说、故事等口头遗产的精粹。

二、在"过程"与"事件"间解读

从叙事结构上看，《亚鲁王》的情节基干和故事线索像一棵大树，根须茁壮、枝叶繁茂。史诗开头部分的创世和族源叙事像树根和树干，尤其是不同异文的《亚鲁王》所共享的叙事主干，同一性程度较高；再往后，不同姓氏和家族的迁徙路径和历史记忆各异，就像枝叶一样呈现出演述文本异文众多的现象。其中关于苗族先祖的记述，固然可追溯到很久以前，但却绝不能据此判定《亚鲁王》的历史可上溯到"大约两千五百年前"或"与《诗经》产生于相同年代"。在漫长的发展过程中，《亚鲁王》主要通过口耳相传而世代相承，历史上并未形成写定的书面文本，这就给判定其衍成和源流带来巨大困难。据学界考证和推断，印度史诗《摩诃婆罗多》的"形成期"即耗时约800年，而后又传承了近2000年。由此可见，史诗作为口头传统往往有极为悠久的历史，有漫长、复杂的形成过程。但《摩诃婆罗多》有南北两个传本系统，大量的抄本为学界构拟其传承史和传播史提供了较清晰的文本证据。

在看待史诗传统及其文本的形成问题时，还需注意口头史诗不是"一部作品"，而是一个流动的、有生命的"史诗演述传统"。不能以书面/作家文学的作品断代研究来僵固气韵生动的史诗传承，从而取代其文本化的过程研究。哈佛大学古典学者格雷戈里·纳吉在《荷马诸问题》一书中通过历时与共时两个维度的推演论证，回答了《伊利亚特》和《奥德赛》以何方式在何时何地流布等问题，以及为何最终以书面文本形态被保存并流传两千多年的缘由；最后归总为，荷马文本背后潜藏着相当漫长的口头创编和传播过程，最迟在公元前550年史诗文本才趋于定型。由此，他提出的"演进模型"深刻揭示了荷马文本的形成历程："荷马史诗作为文本的定型问题可以视作一个过程（process），而不必当作一个事件（event）。只有当文本最终进入书面写定之际，文本定型（text-fixation）才会成为一个事件。"因而，在"过程"与"事件"之间来理解和探究《亚鲁王》的演述传统与文本定型问题，或许会开启更有益的学术实践。

众所周知，《亚鲁王》经由苗族史诗传承人群体东郎在葬礼上的口头演述而传承至今，其意在通过演述英雄祖先亚鲁王的坎坷经历和历史足迹，指引亡灵一步步回到先祖故地。也就是说，史诗演述是整个丧葬仪式活动的组成部分。而且，葬礼中往往有"砍马"等活动，以象征当年亚鲁王率众征战与迁徙的艰难过程和血泪史。因而，史诗演述既是仪式化的，又是嵌入仪式的——仪式行为规范着史诗演述活动：仪式框架的大小、延续时间的长短决定了每次史诗演述的具体进程。此外，因为《亚鲁王》具有类似"指路经"的社会文化功能，由此决定了史诗演述的主要功用不在于娱乐民众，而在于为亡者唱诵，成为苗民生死转换不可或缺的一个"关捩点"。进一步说，对于恪守传统的苗族民众而言，在葬礼上演述《亚鲁王》绝不是一个可有可无的"故事讲述"活动，而是与他们的宇宙观和生活世界紧密联系在一起的，是每个人不可或缺的人生仪礼。这便是《亚鲁王》传唱至今的重要社会根基，也是其文化价值的一个重要内容。不过，据此便宣称其文化价值堪与中国"三大史诗"比肩，甚至冠之以"苗族的《格萨（斯）尔》"，仍嫌持论草率、比喻不当。因为，每个民族的史诗传统都是认识其自身的百科全书，也是一座"民族精神标本的展览馆"。史诗传统或许有叙事规模上的大小，但在彼此之间去做一些"信手拈来"的比附就失之轻躁，也并不妥帖。尤其是在促进世界文化多样性的今天，对人类创造力和文化自主权的彼此尊重，应得到媒体和学界的严肃对待和高度重视。

三、多向度考察学术价值

如前所述，《亚鲁王》在麻山苗族民间具有多重的社会文化功能，其重要的学术价值也同样需要从不同的向度予以考察和研究。

从叙事程式上看，《亚鲁王》集中呈现出史诗三个亚类的综合特征，为平行案例的比较研究，为仍在形成中的国际史诗类型学研究提供了极为宝贵的案例。《亚鲁王》的口头演述与仪式紧密结合，不在娱人，而在为亡灵"指路"；其文学性、神圣性和审美属性都因嵌入丧葬仪式而需要通过仪式化进程渐次展开和发生作用，这就丰富并拓展了学界对史诗属性的理解。

就史诗的文学接受而言，若干参与者"共同在场"——演述者东郎和角色各异的受众（包括作为主要叙事对象的亡者），大家通过亲自参与一整套民俗生活的事件及其进程，在面对面的言语交流中共同完成了意义的生成赋予和情感传递。与其他流布范围更广的史诗传统相比，《亚鲁王》的传播地域相对狭小、边界相对清晰，是带有明显"地方性"的叙事传统。相较于大多数史诗都是"民族的"史诗，《亚鲁王》更具有"小传统"的稀有样板意义，提醒我们在关注族群性史诗的同时要更重视支系型史诗，从而去发现中国史诗的多样性。就语言要素而论，《亚鲁王》的叙事古奥难解，许多语词的含义即使连演述者自己也不甚清楚。特定"语域"中口头叙事传统与古语词之间的内在关联，虽然为意义阐释"设置"了障碍，但也为研究其口头传播的记忆图式和叙事法则，尤其是研究作为言语行为的史诗演述与语言流变（西部苗语方言）的文化语境和社会情境提供了弥足珍贵的语言材料。《亚鲁王》的树形叙事结构，乃是今天族群分支与历史上共祖关系的形象描摹，生动映射了特定传统的规范性和变异性，也为民间叙事中的异文现象研究和规律性总结提供了十分重要的解析维度。总之，《亚鲁王》的传承与传播有其独特的历时性轨辙和共时性流布，给学界提出了新课题，要求我们做出科学、准确的回答。如果中国学者能长期深入麻山苗族地区，对这个极有价值的叙事传统进行持续而切近的观察，进而总结和抽绎出某些学理，那么，将不仅为中国史诗学建设添砖加瓦，且会对国际史诗学的发展提供有价值的学理思考。

（原载于《中国社会科学报》2012年3月23日）

《彝族"支嘎阿鲁"史诗研究》谫议

《彝族"支嘎阿鲁"史诗研究》[1]甫一面世,就引起了学界的关注。这有几个原因:第一,中国史诗研究的整体格局,长期以来是北方史诗研究成果多,南方史诗研究成果少。形成这种不平衡局面的原因有很多,这里不去细究。但就现状而言,南方诸民族的史诗传承,对知识界而言,多少像是看云雾缭绕的山峦,似乎轮廓都清楚,但细看时,那些山的褶皱起伏,林木溪流,又很不清楚。现在,大家面前出现了能让人看清楚一部重要史诗的诸多细节的著作,研究界的兴奋是溢于言表的。第二,南方诸史诗传统,可谓千姿百态,内涵复杂,功能多样,流布广泛,构成一幅灿烂图景。谁想高屋建瓴,举重若轻,把南方史诗传统做一整体性、学理性、概括性表述,实属不

---

[1] 肖远平著,人民出版社2014年版。

易。一则因为对一宗内部差异性极大的事项做概括,原本就是巨大挑战;一则因为那些局部的、个案的研究远未形成阵势。而这种扎实的个案研究,乃是成就总揽式研究的基础。就此点而言,《彝族"支嘎阿鲁"史诗研究》具有毋庸置疑的价值。第三,书中讨论的诸多问题,有些长期悬而未决,有些学界迫切需要了解,还有一些则是颇有深度的探索,对研究其他史诗,是很好的参照,也能提供多方面的启迪。

支嘎阿鲁(另有支格阿龙、支格阿鲁等叫法)是彝族口头传统中的创世英雄,被彝族人认作共祖。《支嘎阿鲁》史诗流布范围,包括四川、云南和贵州,主要在彝族聚居区中传承,在个别彝族典籍中也能见到相关记载。该史诗的文本化过程发生较早,就为历时地、有凭有据地讨论史诗传承中的诸多规律,例如衍生、变异、整合等,提供了绝佳的样本。《支嘎阿鲁》长期以来与《布洛陀》《牡帕密帕》和《苗族古歌》等并举,被认为是中国南方民族创世史诗的代表。作者则通过对《支嘎阿鲁》母题的解析,认为史诗中具有"英雄奇特诞生""英雄征服恶魔""英雄救母"等母题系列,这使得该史诗同时具有英雄史诗的属性,所以,《支嘎阿鲁》不能简单地归类为创世史诗。这样的见地,是有深度的,也是符合实际情况的。此外,作者还通过《支嘎阿鲁》的文本形态,切中肯綮地讨论了口头艺术的生成规律。作者认为,《支嘎阿鲁》传承历史久远,传承过程有序,其间蕴藏着极为丰富的历史文化符码,是解开许多重要问题的钥匙。笔者很赞同这样的认识,尤其赞赏作者的一个重要论断,就是彝族口头艺术的生成和发展,离不开彝族文化精英毕摩参与。这等于告诉我们,在分析彝族文化时,使用文化分层理论时要格外小心谨慎,尤其不能简单地运用"口承/书写"二元对立的思维方式解析文化现象。总之,《彝族"支嘎阿鲁"史诗研究》的出版,是一件值得庆贺的事。希望今后看到更多此类著作的面世。

《西方神话学读本》序言

这部西方神话学理论文集,曾以《西方神话学论文选》为题于1994年由上海文艺出版社印行,属于该社推出的"原始文化名著译丛"之一。当初译者署名为朝戈金、尹伊、金泽、蒙梓。还有个别参与了少量工作的译者,名字没有出现在该书中文版的封面上。如今坊间早已找不到这部译作,而愿意参考它的人一直都有。读者有阅读需求,广西师范大学出版社愿意纳入"民间文化新经典译丛"重新出版,便引出了这本"半新"译作的面世。

说它"半新",是因为译著的重印,不外乎原样重版、修订重印和另起炉灶三种办法,这本译作介乎后两种之间:原译者朝戈金和金泽两位的译文,经本人再次校订后仍放在里面;其余约占一半篇幅的十余篇文章,则按另起炉灶的做法,请人重新进行翻译。参加进来的译者,是高荷红、宋颖和朱刚三位年轻学人。

该书的英文原作是美国民俗学大家阿兰·邓迪斯（Alan Dundes, 1934—2005）教授选编的，原书题为 *Sacred Narrative : Readings in the Theory of Myth*，由加州大学出版社于1984年出版。鉴于有了再次出版的机会，这部译文集的书名也就有了新的考虑，重新译为"西方神话学读本"，以便与1994年出版的中译本有所区别。

关于原书编者邓迪斯，在同属这套"民间文化新经典译丛"的《民俗解析》中已有译者较全面的介绍，这里不再重复。记忆犹新的倒是我本人与邓迪斯曾经有过的通信联系。我于1995年9月赴美国哈佛大学燕京学社做访问学者，其间将带去美国的《西方神话学论文选》汉译本邮寄给了邓迪斯先生，随书附一短函致意并说明当年的出版情况。他很快就回了信，说了些感谢的话。虽然是初次通信，但他的耿直、幽默和坦率，给我留下了很深的印象。他在信中径直建议我舍哈佛去投奔宾夕法尼亚大学，说哈佛大学虽然有一流的图书馆，但民俗学和神话学只针对本科专修生开设基础课程，我所能够得到的帮助不会很多。而宾大有民俗学和民俗生活方向的博士课程，还有多位顶级的民俗学者，像罗杰·亚伯拉罕斯（Roger Abraherms）、丹·本－阿莫斯（Dan Ben-Amos）、玛格丽特·米尔斯（Margaret Mills）、里贾纳·本迪克斯（Regina Bendix）等。按照他的建议四处游学对我来说并不容易，我于是留在哈佛啃米尔曼·帕里（Milman Parry）和阿尔伯特·洛德（Albert Lord）两位古典学教授的书，更多受到他们的影响，集中关注"口头程式理论"和口头传统研究等问题，由此彻底跨进了与神话学有着千丝万缕联系的口头诗学及其相邻领域的门槛。但回顾此前，正是邓迪斯教授编选的这本神话学理论文集，让我个人的学术兴趣从中国现代文学和少数民族当代文学转向了民间叙事和民俗学。

记得邓迪斯教授在信中还说道："我很高兴此书有了汉译本以推进中国神话学研究，并希望早日重版，以便更多的学者和学生可以参考。"所谓"重版"，因为我在信中告诉他那个译本出来的几个月内，各地书店就已经告罄。现在，他当年的愿望成真，新的印本即将面世。但令人遗憾的是，2005年4月初，也就是在此新版的修订重译过程中，忽闻邓迪斯教授突然病倒在课堂上，几个小时之后便驾鹤西去了。得到消息的当晚，我在加州大学伯克莱分校（UC Berkeley）开设的邓迪斯教授在线纪念堂上，向邓迪斯教授的家人、同道和学生发去唁函，以表达我心中真切的悼念之情。作为一位杰出的民俗学家和教育家，邓迪斯教授毕生致力于民俗学学科的建设，推动了国际民俗学的对话和交流，他涉猎的研究领域十分广泛，尤其是在精神分析方法上独树一帜。他的逝世，是国际民俗学事业的重大损失。此后，每每看到尚未完成的校译稿，那些熟悉的文字也唤起我十多年前开始从事该书翻译工作的种种记忆，还有邓迪斯教授对"重版"寄予的期望，便觉得自己多了几分责任。

在西方人文学术格局中，神话学是个比较特殊的领域。文学、人类学、宗教学、民俗学、心理学和其他一些相关学科的学者们，一直都在为神话学的学科大厦添砖加瓦，把它建成现在这样一个跨骑着若干领域、渊源多头、枝蔓横生、结构复杂且众声喧哗的庞大体系。中国民间文艺学和民俗学界选择"神话"作为文类研究的主要对象之一，明显地得益于20世纪初叶的西学东渐。经过数十年的发展，神话研究的各种著述在国内已蔚为大观。相比而言，中国的神话学及其理论研究则略显寂寥。因此，重新翻译出版邓迪斯教授精心遴选的这些论文，既是为持久开放地汲取国外学者在神话学领域的重要学术思想，也是为国内神话学理论研究乃至民间叙事的学理性思考提供一个认真反思并奋发有为的系统性参照框架。尽管这些域外论文大都发表在几十年以前，但可以说基本上反映了至20世纪80年代西方神话学的前沿性成果，而且它们至今也是许多国家民俗学者一直称道和反复引证的经典性理论文献。作为译者，我们真诚地希望这部译作的重新推出，犹如邓迪斯教授所望，"推进中国神话学研究"。

该书由多位译者翻译，其中几位还是在读的博士生和硕士生，我们在相关术语和用词方面尽量做了统一和核查，但仍恐有疏漏错误和不当之处，我们恳切地希望读者和方家予以谅解并给予批评指正。

大概是因为翻译和校订中我的工作量稍多，译者们嘱我代大家对这个重新推出的译本做一说明,就写了上面的话。

最后,对广西师范大学出版社的大力支持,对各位译者付出的辛劳和努力,表示诚挚的感谢。

(原载于《西方神话学读本》,桂林:广西师范大学出版社,2006年)

第三届国际民俗学会暑期研修班简介
——兼谈国外史诗理论

一

1995年6月26日至7月8日,在芬兰北卡莱利亚的麦克里雅日维(约恩苏大学的研究站),举办了第三届国际民俗学会暑期研修班(Folklore Fellows' Summer School)。国际民俗学会是民俗学领域最具权威的国际性学术团体,迄今已有近百年历史,会员为来自世界各地的知名民俗学家,由于它在遴选会员上一向十分严格,现今正式会员限制在百人以内。该团体主办过多次国际学术活动,影响十分广泛。暑期研修班即其定期举办的活动之一,自1991年开始,每两年举行一次。由于得到了多方面的赞誉,这一活动受到联合国教科文组织的资助。

今年研修班的中心议题是"传统与对立的认同(Identities)"。在这个主题之下,来自20个国家的30名代表和十几名专家，在5个领域进行了深入而充分的学术交流。大家普遍认为这样的学术切磋机会十分珍贵，而且将产生长久的效益。

从学术组织和规划上，可以看出国际上民俗学领域的热点问题和最新动向。今年的研修班，共设置了5个工作小组，分别在各自的专题下进行了严肃的学术对话。这5个专题小组是：

（1）传统——权威性与信实性

（2）史诗与认同

（3）性别与权威

（4）田野作业中的对话

（5）民族志与表征

这次活动的中心词，也是使用最频繁的一个词，就是上面提到的"Identity"，它被劳里·杭柯（Lauri Honko）定义为："将人们联结起来的一系列价值、符号和情感要素，在实现同一和归属的过程中，通过经常性的交流，在现实中为'我们'开辟的一个空间（同时在'我们'和'他们'之间起区分作用）。"一位先生建议将此词汉译为

"特异质",既标明了其应有的专属性质,又带有区分彼此的含义,深合原义。

此次研修班上的若干专题讲座,牵涉的都是民俗学领域的前沿课题,十分有趣,这里特别择要列出,以供国内学人参考:

(1)Lauri Honko(劳里·杭柯,芬兰科学院/土尔库大学教授)《文化认同的建构传统与种族保存的策略》

(2)Hermann Bausinger(海尔曼·鲍辛格,德国图宾根大学教授)《超越文化认同——是全球化的机会吗?》

(3)Lauri Harvilahti(劳里·哈日维拉提,芬兰赫尔辛基大学/土尔库大学)《丝绸之路与文化认同》

(4)H.Bausinger《从民族的观点对民俗学的利用和误用》

(5)Lauri Honko《史诗与认同:民族的、地域的、社区的、个人的》

(6)Barbro Klein(巴伯罗·克雷恩,诺迭克博物馆民族学研究所/斯德哥尔摩大学讲师)《民俗学研究中的族体差异问题》

（7）Stein Mathisen（斯泰恩·马提森，挪威芬马克学院）《民俗学研究中的认同及叙事》

（8）Aili Nenola（爱莉·尼诺拉，芬兰土尔库大学副教授）《文化认同及性别：一些理论问题》

（9）Richard Bauman（理查德·鲍曼，美国印第安纳大学语言与符号研究中心教授）《式样理论与文本之间的作用力》

（10）Galit Hasan-Rokem（加里特·哈桑-罗肯姆，美国希伯莱大学副教授）《会话与性别》

（11）《民俗学中文化之间的对话》

（12）R.Bauman《口头表演中调节的结构》

（13）John Miles Foley（约翰·迈尔斯·弗里，美国密苏里大学口传研究中心主任、教授）《从口头传统到传统的文本》

（14）《史诗与认同》

（15）Anna-Leena Siikala（安娜-里娜·西卡拉，芬兰约恩苏大学民俗学研究系教授）《神话史之解说》

〔注：鲍辛格因故未能与会，提交了书面发言。〕

上面这些报告，即使不读内文，光听标题就令人有耳目一新之感。仅由这一点即可看出，我们民俗学界的国际同行们，在开拓新领域、钻研新课题上，是多么活跃。尤其令我们感到印象深刻的，是他们中多数人的研究工作，在保持学术的独立和中立，在维护着学术的纯洁性的同时，又是十分密切关注现实、试图解释现实的，有着强烈历史责任感和使命感。

二

上面列出的讲座，有些是文学领域的话题，有些完全不是。限于篇幅、时间、笔者的能力和兴趣，不拟做进一步的介绍和分析，只在史诗研究这一个方面，多用些笔墨。

研修班的第二小组为史诗小组，组长是约翰·迈尔斯·弗里和劳里·哈日维拉提，其余学人分别来自美国、芬兰、印度、孟加拉国、马来西亚和中国。小组会议上集中讨论了国际史诗理论的发展方向和趋势，特别关注了"口头程式理论"（Oral Formulaic Theory）以及"民族志诗学"（Ethnopoetics）的成熟过程、优长和局限、今后的发展态势诸问题。

对国内史诗研究界来讲，这两个理论还比较陌生，就非常有必要对其基本情况做一大略的介绍，以使有兴趣于此者能获得些可能有用的信息。

口头程式理论是由米尔曼·帕里及其追随者阿尔伯特·洛德（Milman Parry and Albert Lord）创立并逐步完善的。虽然它出现于20世纪20年代，但其思想渊源却可以追溯到19世纪，特别是那个时代的从事语文学和人类学工作的思想家们。这一理论的创立动因，是要解决著名的"荷马问题"：谁是荷马？如果真的有过一位荷马，他是何时以及怎样创作出荷马史诗的？

口头程式理论，或者叫"帕里－洛德理论"的最初发展，是基于两个设定：第一步，先设定荷马史诗是"传统的"；第二步，再设定荷马史诗因此必定曾是"口头的"。然后通过在南斯拉夫地区的田野调查检验此二层设定（从1933年到1935年）。其具体的做法，先选定调查目标：穆斯林的史诗（而不是基督教传统中的史诗，这个用意很值得注意），接着就是大量的田野作业——接触了两千种史诗演唱和史诗文本（讲唱的、背诵的和口述的），最后将所获结集出版《塞尔维亚-克罗地亚英雄归来歌》。这些歌先按地区、再按歌手的顺序编定，并列有相同和不同歌手的多种异文。

阿尔伯特·洛德进一步充实和发展了这一学派。他运用广泛比较的方法，使这一理论获得了空前的影响和活力。到今天为止，这套理论已经与超过130种语言的传统发生了关联，仅此一点就不可谓不惊人。他出版于1960年的《故事的歌手》十分重要，史诗研究者们不应忽视［至于想了解其全部研究成果目录的读者，可参考《美国民俗学刊》第105期（1992）第57—65页］。

这套理论的核心，可以大体概括为：

歌手是不可能轻易熟记成千上万的诗行的，除非这些诗行中存在着大量相对固定的格式，这就是程式。在口头史诗传统中，程式几乎无处不在：程式的主题和母题、程式的故事形式和故事线、程式的动作和场景、程式的诗法和句法等。程式化程度越高，就越证明了其口头的性质。程式是口传史诗所具有的突出本质。

理解这个理论，说实话并不困难。难的是以它作为工具去从事具体的操作。更难的是通过这种操作，不仅仅是要印证这一理论的普泛性，而是要揭示研究对象的历史本质和社会属性，揭示其独有的诗学法则和美学特征。

笔者在史诗专题组做过一个很小的学术报告，题目就叫作《蒙古族史诗中的程式》。里面运用了一些佶屈聱牙的词汇（有的词都不知道该怎样汉译才妥帖，例如Alliteration，Mesodiplosis之类，恐无现成词对应），试图说明蒙古族史诗中程式上的独特性。当然，进一步的工作是分析其"所以然"，不过要留待他日做了。但有一点可先在这里指出，蒙古族史诗传统历经长期发展，已经高度程式化了，而且程式化的技巧繁复多样，形态上亦相当成熟，非常有研究价值。

根据弗里的观点，口头程式理论在下述几个方面尚有欠缺，应予补救：

（1）它多少忽略了史诗文本这方面。

（2）将口传作品的创编（Composition）视为一个"过程"，而它实际上是创造性的产物。

（3）应更加关注相似性和差异性——从传统的、类型的、媒介的方面，从方言的和个人特殊用语的方面。

（4）不仅关注作品的创编，还应关注文学活动中"接受"的这一面。

（5）应避免过分拉大口头的与文本的之间的距离——创编本身具有多种样式和风格，有彼此十分不同的述说方式，而这些述说方式是语言，就是说可以通过文本得到长久的保存。

（6）应避免自动向现代的文本范式和阅读习惯靠拢和趋同。

口头程式理论是20世纪以来最重要的民俗学理论之一，其影响相当广泛和长久。这一方法的实际意义也早已超出了史诗范畴。正如它的产生是依赖了其他学科已取得的成就一样，它的确立也对其他领域产生了积极的作用。

三

在研究口头传统和有口头传统来源的文本（oral-derived text）时，除上面已做了介绍的帕里－洛德理论以外，近年又有新理论兴起，要向读者介绍的"民族志诗学"即是，正如其他方法那样，它在提供了独特视角的同时，也就产生了特有的局限。自然，在一些基本方面它与口头理论多有相通处，共享一些"规则"。

民族诗学理论的创立基于如下目的：

（1）避免使文本缩减或变形的危险。例如在印刷的文本和多媒介的表演之间所能发现的那样。

（2）从"内部"去理解交流，这就是说，以人家自己的概念和词语作为基础：

　　（A）族群的（部落的、民族集团的）诗学

　　　　——问"诗歌是什么"的问题

　　　　——抛弃西方关于诗歌的已有概念

　　（B）内在的传统分类范畴

　　　　——身体语言（手势、动作）

　　　　　——超越语言的特征（声音轻重、调门等）

　　　　　——叙事的边界和单元

　　　　　——形式上与生俱来的逻辑组构方式

　　（C）作为背景的外在的分类范畴

　　　　　——句子

　　　　　——段落

　　　　　——连接文本的部分

　　（D）传统分类范畴是构成式的

　　　　　——它们自身是有含义的

　　　　　——失去它们，就必然失去部分含义

（3）避免运用不相关的方法去诠释

　　（A）在介绍和解释演唱时

　　（B）在确定版本和从事编辑时

　　（C）在进行不同语言间的翻译时

（4）与口头程式理论的相同点：寻找和追求"真正的词汇"

　　（A）在面对文本时，拒绝接受惯常使用的各类规则

（B）将表演传统本身置于前台做精细观察而不
是作为背景

民族志诗学理论的产生，对于古典诗学理论而言，是一种反拨。这从其所侧重的研究对象上就可以看出来，不是言必称古希腊、盎格鲁-撒克逊传统等，而是更关注美洲土著（祖尼部落等）。对于史诗传统丰富、民族成分多样的我国来讲，这一理论方法很有值得深思之处。在史诗中所具有的通则和共性之外，应格外注重其独创和独有的品质，这是我国史诗研究者们须臾不该忘却的。

民族志诗学理论本身亦非铁板一块。它有两个重要的分支，一派以丹尼斯·泰德洛克（Dennis Tedlock）为代表，较多关注个人语言特征和声音（如音声停顿的处理、轻重大小的讲究等），可称为重新发现了声音。另一派的旗手是戴尔·海默斯（Dell Hymes），他重新发现了形式——诗歌中的多层次组构，例如他认为诗行不是基于音节的划分，而是以动词为标志。诗句（verse）的标志是起首的介词、连词（"然后""当……"等）。至于诗节、场景、动作等，也有各自区分的要素。

就这两派的比较而言，直到今天，泰德洛克对符号记录下的东西不屑一顾，他只专注于研究现场的表演，确实听到的声音才可以想象向文字的转化，否则就有变形的危险。而海默斯则既研究表演，也研究记录下来的文本。泰德洛克热衷于个体的表演及其口头性特征，而海默斯对口头传统所显示出的几乎一切方面都感兴趣。

最后，我想以介绍美国史诗研究学者约翰·迈尔斯·弗里作为这篇小文的结束语。这是因为多年以来，由于种种原因，我们与西方学界的交流和对话实在是太不够了，在有些方面几乎是空白。现在去了解他们某个已有了几十年发展历史的理论，认真钻研"经典原著"固然是条稳妥的路，但难免过于费时费力。不妨也可考虑这样的办法，选择一位可靠的学术领路人，按照他已标出的线路做迷宫中的踏勘。这正如学习古文，有人从先秦西汉的典籍入手，有人则先精研《聊斋志异》，后皆修成正果也。扯远了，回过头来讲弗里，他是美国密苏里大学口头传统研究中心主任，《口头传统》学刊创始人，"威廉·拜勒杰出教授"，史诗专家。

弗里教授的主要著述有：

《口头程式理论及研究，评介和著述目录》（1985年，纽约）。

《口传作品的理论——历史与方法》（1988年，布鲁明顿）。

《传统口头史诗：奥德赛、贝奥武甫、塞尔维亚－克罗地亚归来歌》（1990年，伯克利）。

《口头程式理论》（1990年，纽约）。

《内在的艺术：传统口头史诗中的结构到意义》（1991年，布鲁明顿）。

《表演中的歌手》（1995年，布鲁明顿）。

除上列皇皇巨著之外，他还有相当数量关于史诗理论的文章在各类学术刊物上发表。这一系列杰出的学术工作，奠定了他在美国乃至世界史诗研究界中的地位。

通过弗里编纂的关于口头程式理论的著述目录和他所总结的这一理论的历史和方法，人们可以轻易了解这一学派的几乎全部方面。但千万别以为弗里著作的意义就在于它们是拐杖！他本人对史诗的各方面有精深的研究，他对史诗结构的剖析和对歌手的全面总结,有相当强的学术性,对我国的史诗研究,至少是个良好的示范。

(原载于《民族文学研究》1995年第4期)

「非遗」絮语

机器人可以写诗但永远不能取代荷马和普希金

欧洲时间 2017 年 8 月 6 日 16:30（北京时间 8 月 6 日 22:30），第一届世界人文大会在比利时列日开幕。刚刚连任了国际哲学与人文科学理事会主席的朝戈金在大会上致辞。

尊敬的联合国教科文组织副总干事 Getachew Engida 阁下，

尊敬的列日省副省长 Paul-Emile Mottard 阁下，

尊敬的大会主席 Adama Samasseko 博士，

女士们，先生们，朋友们：

我很荣幸地以国际哲学与人文科学理事会主席的身份欢迎来自世界各地的与会嘉宾。请允许我对筹备并促成此次大会顺利召开的各位同人的大力支持和辛劳奉献表达由衷的谢忱。特别感谢来自联合国教科文组织、列日和

CIPSH 的同人们。

我今天想用三个关键词来概括我致辞的三方面内容。这三个关键词是：CIPSH、挑战和展望。

第一个关键词：CIPSH

CIPSH 是国际哲学与人文科学理事会的简称。

正好 70 年前，联合国教科文组织的第一任总干事朱利安·赫胥黎爵士就在思考如何按照联合国教科文组织的宪章推动人文科学发展。经与众多学者协商，又经过筹备委员会酝酿，于 1949 年宣告成立了国际哲学与人文科学理事会。

联合国教科文组织不仅催生了它，而且给予它长期大力支持。在过去的几十年里，它一边搭接着联合国教科文组织，一边联系着国际上知名的学术团体和机构，在扩大国际合作、讨论重大议题方面，发挥了有目共睹的作用。

虽曾遭遇种种困难，但历任掌门接续努力，守护了它的高贵宗旨和傲人传统，扩大了它的影响，进而推动了人文学术进步。

今天,来自人文学界和其他领域的各国学者济济一堂,共襄盛举,迎来首届世界人文大会的召开,就是对它长期坚守的最高礼赞。

第二个关键词:挑战

众所周知,令人文学者担忧的现象到处蔓延:人文学科师生人数减少、经费压缩。我们看到科学至上主义盛行,唯技术论者颇有市场,越来越多的社会部门信奉技术能解决社会病症。

与此同时,越来越多的自然科学家也对科学技术进步可能引发的种种无法预见的社会影响忧心忡忡。总之,工具理性泛滥,人文精神缺失,是自然科学界、人文社会科学界和社会各界对当今世界的普遍看法。

第三个关键词:展望

我们人文学者并不拒斥科学技术,而是希望与之携手。我们深知人类不仅需要了解外部世界,也需要了解人类自身。彼此合作而不是彼此取代，才是健康发展的途径。机器人可以下棋、写诗等，但荷马和普希金是永远无法取代的。

我们诚挚地欣喜于科技的进步，因为它带来了与以往很不同的知识生产、传播和应用的景观。大数据、海量存储、便捷搜索等，带来新的学术维度和新的生长点。因特网在全球瞬间传递思想和代码，极大地刺激了不同领域之间前所未有的广泛合作。

越来越多的事例表明，自然科学对人文社会科学活动的影响更趋明显，而自然科学对客观世界规律的探索，也离不开哲学思想的烛照。在那些伟大的科学活动中，也时时能够见到人文的维度，人文关怀的温度。例如，晚近主要来自科学界的对机器人伦理的讨论，就是一个典型事例。

可以预期，随着信息革命的飞速发展，科学和人文无疑都将得到大大加强。我们坚信，自然科学和人文社会科学的合作和互补，必将有利于人类的长久福祉。

我愿意引用苹果公司CEO提姆·库克的一句话来结束这个致辞:"如果说自然科学是在黑暗中探索,那么人文科学就是黑暗中的烛光,为我们照亮走过的路,指明前方的危险。"

谢谢大家。

CIPSH与《第欧根尼》

国际哲学与人文科学理事会是联合国教科文组织（UNESCO）下属的非政府组织，它是联合国教科文系统最重要、最有影响的国际学术机构之一。1947年9月，联合国教科文组织第一任总干事朱利安·赫胥黎决定邀请一批来自不同国家和不同领域的专家，探讨如何让联合国教科文组织能够在人文领域更好地发挥其职责问题，这些讨论成为组建这个理事会的最初动因。

一、国际哲学与人文科学理事会简介

国际哲学与人文科学理事会，法文名称为 Conseil international de la philosophie et des sciences humaines，简称 CIPSH；英文名称为 International Council for Philosophy and Humanistic Studies，简称 ICPHS。

CIPSH 是联合国教科文组织（UNESCO）下属的非政

府组织，是联合国教科文系统最重要、最有影响的国际学术机构之一。该理事会由联合国教科文组织筹建于1948年10月，并于1949年1月召开第一次全体会议予以正式确认。其宗旨是："打破学术封闭，消除相互隔膜。"

CIPSH是联合国教科文组织在科学领域推动成立的三大国际学术机构之一。另外两个为国际社会科学理事会和国际科学理事会。联合国教科文组织的雄心，是通过这三个大型国际学术组织，在它与教育科学界之间，建立一个上下通达的中介。根据章程，CIPSH每两年召开一次大会和学术讨论会。CIPSH的各次大会，教科文组织总干事或总干事的代表均赴会并致辞。

自成立以来，国际哲学与人文科学理事会在参与联合国教科文组织的事务，推动各国哲学人文科学研究机构间及有关国际学术团体间的合作与交流，组织国际跨学科研究，以及通过出版、组织学术会议以促进哲学人文科学和文化研究等方面，均做出了重要贡献。目前该理事会由哲学人文科学领域的14个国际学会或联合会作为其成员组织，联合了世界上几百个哲学、人文科学领域相关学科的学会。CIPSH 现有的 14 个成员组织分别是：国际学术联盟、国际哲学学会联合会、国际历史科学委员会、国际语言学常设委员会、国际古典研究学会联盟、国际人类学与文化人类学研究联盟、国际艺术史委员会、国际宗教史协会、国际现代语言与文学联盟、国际东方与亚洲研究联盟、国际史前史及古代史科学联盟、国际音乐理论研究学会、国际非洲学研究学会、国际历史学与哲学联盟—历史学分会。马上还将有中国社会科学院、国际地理学联合会，以及国际人文研究中心研究所联合会等加入。

CIPSH 下设执行局，是其最高领导机构，由 11 名成员组成，分布结构为：1 名主席，2 名副主席，1 名秘书长，1 名司库，6 名执委；副主席的人选通常会考虑各大洲的代表性。

中国社会科学院多年来一直与 CIPSH 保持着较为密切的关系。我院前副院长学部委员汝信，学部委员黄长著，学部委员卓新平，考古所研究员、中央文史馆研究馆员安家瑶先后担任过该理事会副主席。我于 2008 年 10 月和 2010 年 12 月两度当选并连任该理事会副主席，2014

年10月在巴黎召开的第31届大会上当选该理事会主席。我院的一些研究所或学会是其下属组织的成员，如国际历史科学委员会（中国史学会）、国际哲学团体联合会（哲学所）等。2004年11月15日—20日，中国社会科学院承办了国际社科理事会第25届大会和国际哲学与人文科学理事会第27届大会以及两会的联合大会，并共同举办了"文化与互联网"国际研讨会。

二、《第欧根尼》（DIOGENES）简介

《第欧根尼》系国际哲学与人文科学理事会会刊 DIOGENES 的中文选刊，该刊由中国社会科学院文献信息中心主办，国际哲学与人文科学理事会赞助并在联合国教科文组织支持下出版。该刊创刊于1952年，每年出版两期。该刊以主张把人的研究作为出发点的古希腊哲学家第欧根尼的名字命名，向读者介绍见解新颖、立论独特、内容丰富的文章。所选论文题材广泛，涉及哲学、文学、历史学、语言学等传统人文学科及交叉学科，力求向学者全面地介绍东西方人文学术领域的高层次学术研究成果，

赢得了国际学术界的广泛赞誉。每年出刊两期的中文版选本，同样受到我国学术界较高评价，被誉为"高层次的学术刊物"。编辑部设在中国社会科学院文献信息中心，由社会科学文献出版社出版。*DIOGENES*目前以多种文字出版，其中包括法文（原版）、中文、英文、阿拉伯文。

有几点需要注意：

第一，该理事会更改了名称。其原名英文为：International Council for Philosophy and Humanistic Studies，法文 Council de la International Philosophie et sciences humans，现根据多名执委的建议，更名为 International Council for Philosophy and Human Sciences，理由是一则与法文更为接近，一则更符合国际学界对英文的惯常用法。其缩写仍然是 CIPSH，保留了原来形式。

第二，该理事会修改了章程。其中值得我们关切的，有如下几点：（1）成员组织的界定和吸收标准做出改动，从而可以将中国社会科学院这样的国家级学术机构吸收为成员。（2）修改了理事会领导层的人数，在下一届选举时执行：将由1名主席、2名副主席、4—6名执委组成，每届任期由现在的两年改为三年。

第三，该理事会近期考虑做几件重要的事情：（1）考虑设立一个哲学和人文科学方面的基金会，以适当冲抵对联合国教科文组织在财政上的过度依赖。（2）增强与社会科学的联系和合作，以适应当今社会发展对人文科学的需求。与此相关，理事会考虑增强其机构在国际社会的影响力，提升其"可视度"，以得到更多的资助。（3）参与倡议 International Year of Global Understanding（全球共识年 2016）。（4）2017 年比利时列日召开世界第一届人文大会。

当前国际社会面临诸多严峻挑战，仅仅依靠科学发展和技术进步，不能回应进而解决问题。有鉴于此，国际哲学与人文科学界形成广泛共识，呼吁召开世界人文大会，推动国际社会对人类未来发展提供思想指引和危机预判。

注：截至 2024 年 12 月，CIPSH 共有成员组织 22 个。

保护文化遗产　守护精神家园

2006年5月25日，在国务院新闻办公室召开的新闻发布会上，文化部部长孙家正说，2005年12月国务院下发了《关于加强文化遗产保护的通知》，专门成立了由15个部委部门组成的国家文化遗产保护领导小组，国务委员陈至立担任该领导小组的组长。该《通知》决定，从此年起每年6月的第二个星期六为中国的"文化遗产日"。今年的6月10日是我国的第一个文化遗产日，其主题是"保护文化遗产，守护精神家园"。

为了迎接第一个文化遗产日的到来，从五月下旬开始，全国各地围绕遗产日主题开展了一系列活动。其中在北京举行的活动包括"文明的守望——中华古籍特藏珍品暨保护成果展"，文化遗产特展，中国民间文艺山花奖颁奖仪式，大型文化遗产展演文艺晚会，以及传统医药和民族服饰工艺的展示，等等；中国社会科学院、国家图书馆、中国艺术研究院等单位还将举办文化遗产保护的讲座和论坛，普及和宣传文化遗产的各方面知识。

我国有着悠久的历史和各民族灿烂的文化，文化遗产极为丰富。统计显示，我国目前有2351处重点文物保护单位，第一批国家非物质文化遗产名录推荐项目共518项，祖国大陆已登记的不可移动文物近40万处，馆藏各类可移动文物约2000万件（套）。我国有4项被联合国教科文组织认定的"人类口头和非物质遗产代表作"。在《文物保护法》的指导下，我国制定了30余项规范性文件和管理规定，并加入4个与文化遗产保护有关的国际公约。

国际社会在近几十年来，在重视文化遗产的抢救和保护方面，逐步达成了广泛的共识。其中非物质文化遗产的保护工作，以往比较缺少基础，近年取得的成绩却最为显著。联合国教科文组织不遗余力地倡导对脆弱而珍贵的非物质文化遗产的保护，认为它是人类健康发展的重要资源。这种认识得到了国际社会包括我国政府的积极响应。回溯起来，教科文组织的工作步骤，以下面几个重要文件的出台为标志：倡导珍视传统音乐（1961年以来）；通过《保护传统文化和民俗建议案》（又译为《保护民间创作建议案》，1989年）；建立"活的人类财富"制度（1993年）；实施"人类口头和非物质文化遗产代表作"计划（1997年）；通过《世界文化多样性宣言》及其《行动纲领》（2001年）；警示"语言活力与濒危度"（保护濒危语言，2003年）；制定并通过《保护非物质文化遗产公约》（2003年）。

2004年8月28日，第十届全国人大常委会批准我国加入《保护非物质文化遗产公约》，对推动我国非物质文化遗产的保护工作具有极为重要的意义。目前，我国保护非物质文化遗产的立法工作和实际操作已经全面铺开。2005年3月31日，国务院办公厅颁发了《关于加强非物质文化遗产保护工作的意见》，提出建立"国家级非物质文化遗产代表性项目名录"（简称"国家名录"），实行非物质文化遗产分级保护制度。今天，已经进入第一批"国家名录"予以公布的项目有518项，分为10类：民间文学、民间音乐、民间舞蹈、传统戏剧、曲艺、杂技与竞技、民间美术、传统手工技艺、传统医药、民俗。对于非物质文化遗产的意义，在《国务院关于公布第一批国家级非物质文化遗产名录的通知》中有很精练的总结："我国是历史悠久的文明古国，拥有丰富多彩的文化遗产。非物质文化遗产是文化遗产的重要组成部分，是我国历史的见证和中华文化的重要载体，蕴含着中华民族特有的精神价值、思维方式、想象力和文化意识，体现着中华民族的生命力和创造力。保护和利用好非物质文化遗产，对于继承和发扬民族优秀文化传统、增进民族团结和维护国家统一、增强民族自信心和凝聚力、促进社会主义精神文明建设都具有重要而深远的意义。"

按照联合国教科文组织的精神和近年来我们的实践，我们理解对非物质文化遗产进行"保护"，并不是简单地保存"文化遗留物"，而是包含对遗产各个方面的保护措施，确保非物质文化遗产的生命力。这里"保护"的具体工作内容，包括确认、建档、研究、保存、保护、宣传、弘扬、传承（主要通过正规和非正规教育）和振兴8个环节。应当说，联合国和我国政府及社会各界对非物质文化遗产的认识和实践，直接导引了相关人文学科的活跃，也为我国文化事业的发展和文化产业的崛起提供了难得的契机。

我院民族文学研究所近年来积极参与国家非物质文化遗产的保护工作，在国家立法工作中提供了智力支持，在相关理论建设方面也走在了前列。并结合本所业务和研究工作，推进了具有前瞻性的资料库建设和注重文化生态保护的口头传统田野研究基地建设。这些成绩，在今年2月份国家博物馆的"非物质文化遗产展"上得到展示。媒体也从"保存文化基因"的角度，对民族文学研究所的相关工作给予了多次报道。

（原载于《中国社会科学院院报》2006年6月8日）

"文化因子"保护与"文化基地"建设

中华民族是由56个民族组成的大家庭，其多元一体格局决定了我国文化本身的多元特征，各种文化元素的存在正是整体文化多样性的突出表现。少数民族具有各自独特的文化形态与文化特征，形成民族认同的范式，进而强化着民族的凝聚力和向心力。对于正在进行中的西部建设和发展，这种民族认同和民族内部的凝聚力，通过科学的认识与合理的阐释和利用，会产生强大的驱动力，促进西部建设健康全面地发展。这是因为独特的少数民族文化能够丰富中华民族的整体文化，为"文化多样性"提供充满生命力与创造力的"文化因子"，是实现可持续发展的前提。联合国教科文组织2001年通过的《世界文化多样性宣言》提出："文化多样性增加了每个人的选择机会；它是发展的源泉之一，它不仅是促进经济增长的因素，而且还是享有令人满意的智力、情感、道德精神生活的手段。"

当前，承载特定文化的语言正在以极快的速度减少，其中特别是处于边缘的、弱势的少数民族语言的濒危状况更加令人忧心。那些经过长久的进化和积淀才形成的语言艺术才能，也在迅速地失去其表达空间。倘若某种民族语言消失了，该民族的文化，尤其是口头艺术与无形文化遗产也将随之迅速消失。在西部开发和建设中，我们应当强调对特定语言和本土文化的保护。这些文化资源的未来命运，取决于我们当前的观念意识。而这些资源的价值，包括潜在的巨大经济价值和关乎子孙后代精神丰富性的文化价值，则是今天的我们还不可能完全认识和领悟到的。

文化生态的保护是实现可持续发展的重要保证。我们在强调保护类似生物基因的、极具生命力的、多样化的"文化因子"的同时，倘若遗失了该文化的整体背景，遗失了整个文化生存环境，将难以维持文化传统的真实。我们当前的工作，就是要尽快摸索出一套行之有效的工作模型，为未来的西部经济社会发展，提供某些有益的参照；选取若干在某些方面有代表性的"点"，做深细的记录、分析和解剖工作。这些个"点"即"文化基地"。建立这类基地需要学术机构、地方政府和民众，以及其他社会力量的合作。如果把"文化因子"比作鱼，"文化基地"就是水。简单地采摘和保存民间文化的样本，陈列在档案库或博物馆中，那仅仅是保留了一些丧失了文化活力的标本；而"文化基地"却是处于当地的文化时空中，是鲜活的事象，为科学观察、忠实记录和实地分析提供了巨大的便利，也为发现和解决今天的问题，预测其未来的历史命运和趋势，提供了其他方式不能替代的材料。

"文化基地"的建立需要在一定的规范与指导下进行。研究基地的选取和开发应当是资源整合的结果，是资料工作和研究工作的结合，是文化生态的保护和开发的结合。它有助于纠正学者在书本中兜圈子的偏差，有助于提高学者解决实际问题的能力，也有助于推动地方政府和各级组织对民间文化遗产保护工作的重视和投入。

西部人文资源的开发与利用是摆在我们面前的一个新课题。西部的发展，不仅是经济的发展；盲目追求经济指标的增长，就会忽视对乡土社会中地方文化的尊重与保护。我们希望能够在具体的"文化基地"建设中促进"文化因子"的生长,由点及面映射出整个西部的"文化时空",而"文化基地"的建设,将会为促进西部少数民族文化的可持续发展提供比较好的示范经验。

(原载于《中国社会科学院院报》2004年11月30日)

新时代的"非遗"新业态

半个世纪前,曾发生过一宗有名的公案,在东南亚从事民间文化调查的学者们曾就是否应该在广播电台上播放传统民间故事而发生争论。拥护播放的一派说,无线电波能够在大得多的范围内传播传统故事,这对于弘扬传统文化是好事。反对的人说,即便宣传范围扩大了,但从长时段来看,这么做会彻底摧毁传统故事赖以生长的环境和条件。到底怎么做才好,当时是莫衷一是。其实,这个问题并没有所谓的标准答案,需要根据具体情况做出具体分析。我本人亲耳听到另外一个事例:十年前,内蒙古的一位故事讲述家同样遇到技术冲击传统的难境。他是知名的艺人,讲述故事的本事很强,深受当地民众欢迎。人们遇到节庆婚礼等活动,都以能请他到场演述故事为荣,出场报酬水涨船高,让他有一阵子很受用。但好景不长,没过多久他就发现邀约逐渐少了,有人告诉他是有精明的商家用录音机录制了他的故事演述，大量复制后出售，很多人就不再愿意支付费用请他到场表演了。结果就是他的演述机会大为减少，收入也大受影响。录音机的普及让他非常郁闷。他向我讲起这些时，还不断摇头叹气。

其实，这种传统文化随着技术进步面临新问题新挑战的例子真可以说是数不胜数！随手举个例子：传统的玉石加工工艺，所用的工具是渐次发展的，最初是用石块敲击，然后是碎砂石磨砺和片石切割，到了新石器时代发明了水和解玉沙作为介质的弓弦切割，然后是各种砣机（俗称水凳），直到今天广泛使用的高精度加工机器。随着技术的进步，"非遗"的"技艺"也在发展中，并不断呈现出新的面貌。所谓的"恪守古法"往往并不能落实。

不光是技术的进步在持续冲击传统文化的方方面面，人类文明进步带来的观念更新也时时投射到"非遗"领域，引发各种调适。例如随着动物保护理念的发展，象牙的贸易和使用被严格禁止，我国的"非遗"主管部门也顺应新发展理念，将牙雕工艺移出了"非遗"的国家级名录。联合国教科文组织于2019年做出决定，将比利时阿尔斯特狂欢节移出《人类非物质文化遗产代表作名录》，因其在节日活动中出现了歧视犹太人的元素。总之，因各种原因做出调整的情况今后还会出现，因为传统文化也要顺应时代的进步。那些不适应新环境新情况新理念的部分，也一定会以这样那样的方式退场。总之，时代大潮裹挟着一切滚滚向前奔流，"非遗"在这个大潮中也随时要做出各种调适，被注入新的内涵，被赋予新的生命力。

今天，我们都承认，科技进步的步伐实在是太迅猛了，人人都感到是在手忙脚乱、目不暇接地学习新知识，掌握新技能，生怕被日新月异的社会生活抛在后面。进入21世纪的人类社会，人群、货物、信息等的流动性急剧增大，作为全球化的一个标签或征候，"流动性"（mobility）成为许多学科开始讨论的关键词。这个时代与以往时代的不同，通过时空关系被重新标定。役使牛马的时代，长途旅行动辄要数月乃至跨年，来到蒸汽机时代，旅行改为用天、周或月为单位了。到了喷气发动机时代，我们今天是用时和分来标记和计算空间距离移动所花费的时间了。总之，时间和空间维度被极大地压缩了，网络从2G转眼升级到了5G时代——一张在智能手机上刚拍的高清图片，一键就能瞬间传遍全球。人工智能获得了惊人发展，机器人不仅在下棋方面所向披靡，乃至进化为文艺家，会写出水平还不算差的诗歌。教育的大范围普及、信息的方便获取和使用、国际社会整体上朝向民主化的进步、文化多样性的日渐深入人心，以及个性得以张扬和发展的社会文化空间，都让文化认同变得异常复杂。一个当代社会的公民具有多重文化身份，已经是平常事情。在有些国际性大都市，常住人口中超过半数的人出生在国外也不算很稀奇。

当下，疫情已经持续了一段时间，社会生活的很多方面，已经不同于以往，发生了很多变化。以我比较熟悉的科学教育界来说，据说疫情直接影响了全球超过八成的学生，加上几百万教师，有十几亿人的日常生活被搅乱。于是，各种类型的远程教育获得了超常发展。联合国教科文组织总干事阿祖莱说，在这种情况下，"国际社会有责任采取集体行动"。一个由联合国教科文组织领衔的全球新冠肺炎教育联盟就成立了，以进一步调动社会各界力量,在疫情时期继续开展教育。

疫情给某些行业带来了毁灭性的冲击,聚集性公共活动被施以严格控制。不过,辩证地看,一切事物都是相互联系和相互转化的。正所谓祸兮福之所倚,福兮祸之所伏。危机四伏的地方,往往潜藏着机遇。实体店顾客大为减少,网上购物大行其道;实地旅游被迫蛰伏,虚拟遨游方兴未艾;制造业难以复工之际,污染情况可是大为改善。总之,在看来是危机的地方,一些新的业态顺应特殊需要获得惊人的发展。正如人们常说的,上帝关闭一扇门的同时为你打开一扇窗。当然,疫情并不会止步于短暂地改变人们的社交方式和基本生活样貌,它会持久地产生或显或隐的影响。前一阵子就有人热衷于讨论以往举办大型会议的必要性和合理性。有国外学者写文章讨论这个话题,还展望未来,认为网络会议自有其优势,如包容性更强了,以往残障科学家要参会总是需要克服重重困难,他们中的大多数人总是难以成行,现今盯着屏幕听报告,反而更从容和清晰,至少不用烦恼前排观众后脑勺的遮挡。

中国正在快速迈入5G时代,有全球最大规模的网络社交平台，起支撑作用的是背后全球最大的网络使用者国度。眼下，从都城到边寨，网络授课一片繁忙景象，网络会议变成了常态，网络社交和商务活动呈现惊人的增长。就连很多原本并不熟稔这些应用的中老年人，也纷纷在家人亲友的协助下，尝试盯着屏幕讨论工作或社交了。

有外国学者总结说，今天网络上的语言交流，是"次生的口语文化"，与它相对的，是"原生的口语文化"，指无文字社会中的语言交流情况。次生的口语文化，是与高新技术相结合后的产物。可以说，人类社会的信息技术，再次获得了飞跃式发展。有人说人类社会有物理空间和社会空间，现在又加上了赛博空间。这几个空间还有某种融合趋势，赛博空间压缩了物理空间，承载了社会空间，带来了交流的新样貌。

不仅是都市生活的方方面面发生了翻天覆地的变化，那些原本和农业文明、传统文化有着千丝万缕联系的非物质文化遗产，在传承和传播上，也迎来了新的历史时期。2021年6月11日，某平台公布了其统计数据，截至当年5月，该平台上的国家级"非遗"项目相关视频达到了惊人的1.4亿。进入国家名录的"非遗"项目比起民间蕴藏的"非遗"来说,不过沧海之一粟。当然,能够进入国家级名录的"非遗"项目往往更有名气,更有代表性,容易引起更多人关注。不过,老百姓的日常非遗操演,同样是网络上的热门内容。光是传统饮食类"非遗"的网络呈现,数量就实在是惊人。"非遗"以往是面对面的师徒相授,人前展示,现在移到了赛博空间上,虽然损失了触觉、嗅觉、味觉等感觉,但得到了影像和声音,再加上想象的填补,也能够达到让诸多有效元素获得传播的目的。按照德国学者鲍辛格在他有名的著作《技术世界中的民间文化》中的思想,民间文化和当代技术并不是彼此拒斥的,而是相互渗透和相互影响的。这令我想起古老的巫术和现代科学的关系。太阳底下,所有的事物都是相互关联的。

从三个故事看文化遗产保护与"民心相通"

20世纪50年代以来,"文化遗产"的概念从内涵到外延都有了重大的变化。这一进程反映了国际社会从尊重文化多样性和人类创造力角度加强文化遗产保护的努力,也与联合国教科文组织持续在文化领域制定多边准则有直接关联。

而传统丝绸之路沿线国家和区域的文化遗产保护,随着"一带一路"建设的推进,越来越具有超乎文化领域的意义。通过对联合国教科文组织"非遗"名录项目进行大致的分析,可以发现以文化多样性推广人类共同遗产这一理念,不仅仅是文化领域的重要事项,也越来越与人类社会可持续发展的意涵发生深度关联,成为"一带一路"的话语体系建设和文化遗产保护的当代实践之间可资深入观察和总结的研究场域。

一、"丝绸之路：长安—天山廊道的路网"
申报"世遗"的启示

在过去的半个多世纪里，联合国教科文组织不断更新"遗产"的传统定义。文化遗产的概念从内涵到外延发生了重大变化，指涉越来越广：不仅指分布在世界各地的物质遗产，也指植根于不同文化传统中的非物质遗产，尤其是那些与人的生活世界息息相关的口头传统、表演艺术、仪式、节日、传统知识和传统手工艺等文化表现形式。这样的拓展显示出一种相辅相成的双重导向：一则引导人们承认"共享遗产"，并将之作为"人类共同遗产"来进行表述；二则引导人们承认文化多样性及其形塑的多重文化认同，并将之视作推动可持续发展的创造力源泉。

2014年，哈萨克斯坦、吉尔吉斯斯坦和中国共同申报的"丝绸之路：长安—天山廊道的路网"被列入世界文化遗产名录。这一跨境遗产案例为"一带一路"话语体系建设如何结合文化间对话促进文化多样性提供了参照和前鉴。它充分显示了类似的跨境遗产保护行动可促进缔约国之间的协作，带动缔约国与咨询机构、政府间委员会、专业研究中心以及当地社区进一步互动与沟通。

非物质文化遗产本身就具备源远流长的人文传统，既是文化多样性的熔炉，也是可持续发展的保障。而文化多样性既是人类的共同遗产，也是"一带一路"国家至关重要的文化资源。在"一带一路"话语体系建设中，中国和相关国家的非物质文化遗产构成了提供对话活力和资源的重要抓手。

截至目前，中国与联合国教科文组织开展了富有活力的合作。双方在文化、教育、科学、信息传播等领域的合作取得了丰硕成果：联系学校8所，教科文组织教席和姊妹网络20个，生物圈保护区33个，创意城市8个；世界遗产名录52处，非物质文化遗产名录39项，以及世界记忆名录10项。这些基于国际合作的一系列实践，依托的是联合国教科文组织与成员国之间的互动和协作，相关项目和计划同样在许多成员国形成了辐射。文化遗产保护已然成为《保护非物质文化遗产公约》（以下简称《非遗公约》）缔约国普遍关注的共同事项，并在几十年的发展中形成了国际社会共同使用和相互理解的话语系统，这为"一带一路"建设倡议的话语体系建设奠定了良好的话语资源和对话空间。

二、麦西热甫的生命力和影响力

非物质文化遗产维系着相关社区、群体和个人的文化认同和持续感，在民众的传承和实践中世代相传，在当下具有重要的文化意义和社会功能。

习近平主席在"一带一路"国际合作高峰论坛开幕式上的主旨演讲中表示，"一带一路"建设植根于丝绸之路的历史土壤，重点面向亚欧非大陆，同时向所有朋友开放。不论来自亚洲、欧洲，还是非洲、美洲，都是"一带一路"建设国际合作的伙伴。

依据国家信息中心主办的"中国一带一路网"的"各国概况"栏目中所列入的"一带一路"沿线和周边国家，加上已与中国签署了合作协议的国家，那么包括中国在内的"一带一路"国家共计84个。

根据联合国教科文组织官网"非遗"专题的相关数

据统计，这84国中共有78国加入了《非遗公约》，其中63个缔约国已有"非遗"项目入选《非遗公约》名录，共计258项。目前，全球已加入《非遗公约》的国家共174个，在教科文组织公布的429项"非遗"名录项目中，由"一带一路"国家独立申报或联合申报的项目数量占60.1%，比例明显高于全球各地区列入名录的平均水平。在以国家计名入选《非遗公约》名录超过10项的13个国家中，中国、韩国、克罗地亚、土耳其、蒙古、印度、越南和伊朗8个国家属于"一带一路"范围，申报项目也高于全球平均水平。

就目前的分析看，在"一带一路"国家中，尤其是在传统的丝绸之路沿线国家中，"非遗"得到这些国家社会各界的重视。在抢救、保护、传承、弘扬、清单编制、申报等环节的工作中，这些国家的政府、民众和相关专业人员都秉持积极姿态，以不同的方式努力落实联合国教科文组织在"非遗"保护方面所倡导的原则和方法。

较其他地区而言，传统丝绸之路沿线上的国家，因自然环境相近、地域上彼此相邻、文化上长期互动和交流、天然阻隔不多，更容易形成民族学所定义的"经济文化类群"和"历史民族区"等区域性文化板块。若是结合这一区域的名录项目，把文化遗产的保护工作与人类社会发展进步的关联作为主要考量维度，该区域和次区域目前为外界所知晓的遗产项目，从诸多方面为我们提供了大量鲜活的样例。这些项目昭示着人类文明的进步和发展，民众的诗性智慧和惊人的创造力，在不同的国家或地区文化传统中成为维系和协调社会组织、传递知识和价值观、提供审美愉悦、建构人与自然的关系、发展人自身的综合能力的重要源泉。

在中国新疆维吾尔自治区的维吾尔民族中长期流传的麦西热甫，就是一个生动的事例。麦西热甫是维吾尔族传统文化的一个极为重要的载体。作为一种综合性的文艺表现形式，该项目集纳着成系列的民俗实践和表演艺术形式，将饮食和游艺、音乐和舞蹈、戏剧和曲艺等整合为一体。不仅如此，麦西热甫是民间的"法庭"，负责断是非、化解冲突；也是"课堂"，教导民众礼仪规矩、道德伦理、文化艺术及传统知识等。这就等于说，一个综合性的民间文化遗产，以其生命力和影响力参与了社会文化的模塑和建构。

三、猎鹰训练术和诺鲁孜节

在《非遗公约》的框架下，联合国教科文组织的三类"非遗"名录，连同国际援助一道成为保护非物质文化遗产的四重国际合作机制。

与生物进化的线性特征不同，文化的进化往往是通过非线性的方式实现，有时可能要跨越遥远的时空距离。不同文化之间的交流互鉴，对于人类进步而言，其意义和作用往往超乎我们的预想。文化交流上的难和易，也往往都与文化交流的特质有关。

综观"非遗"名录，有个现象引起了我们的注意，那就是"一带一路"国家完成的跨国联合申报，比起其他地区来，数量多，参与范围广，规模也较大。在"一带一路"国家已列入名录的258个项目中，有20项是两个或两个以上国家联合申报的，占所有联合申报项目的2/3。其中有两个项目的联合申报有十多国参与：一是猎鹰训练术，由18个国家联合申报；二是诺鲁孜节，由12个国家联合申报。这两个项目都是在传统丝绸之路沿线国家的主导下完成的。

阿拉伯联合酋长国牵头发起猎鹰训练术的联合申报，参与国家还有奥地利、比利时、捷克等17国，这些国家横跨亚洲、欧洲和非洲。

诺鲁孜节由伊朗发起，参与申报国家还有阿塞拜疆、印度、伊朗等11国。丝绸之路沿线国家尤其是中亚国家联合申报的项目明显高于其他地区，是这类文化遗产拥有诸多共享因素的一个表征。

假如我们看一看保护非物质文化遗产政府间委员会评审机构就猎鹰训练术所做的决议，就会对《非遗公约》及其《操作指南》所蕴含的理念有更为切近的理解。决议指出：猎鹰训练术最初是一种获取食物的方法，但随着时间的推移，该传统在社区内部和不同社区之间逐渐形成了与自然保护、文化遗产及社会参与的更多关联。

决议特别强调，该传统为相关社区提供了归属感、自豪感和持续感，以及增强了文化认同；也强调该传统对

"自然状态"的尊重,以及对自然环境的保护和对保护猎鹰物种的积极意义。

这个决议传递了至少这样几层意思,包括但并不限于:关于非物质文化遗产的保护,有助于增强关于人类文化多样性的理解和包容;有助于鼓励和推动不同文化之间的彼此欣赏和对话;有助于增强特定文化传统的社区和民众对自身文化的自豪感和自信心;有助于环境保护和人类在利用自然资源时应有的小心谨慎、取用有度的态度;有助于在动物的使用和驯养过程中,具有人性和人道主义的情怀;等等。这些层面的考量,乃是一种既尊重不同文化传统,又符合现有联合国人权精神的立场。这个决议鲜明传递了关于非物质文化遗产保护与人类社会可持续发展之间的直接关系,进而对这种关系之于人类社会长久发展的意义做出了比较完整的阐释。

共同参与诺鲁孜节申报的 12 个国家在地域上相邻,文化上长期相互影响,具有彼此相同或相近的文化事象,这并不难理解。从联合申报这个行动本身,也可以看到历史上丝绸之路在推动各个国家之间相互交流、相互影响方面的直接或潜隐的作用。另外，这种基于扩展的分批多次申报的过程，也是增进相互了解和彼此欣赏的有益实践。

四、"非遗"里的跨界共享与"民心相通"

布歇在其题为《文化间交流的语用学：一个矛盾视角的有界开放性》的文章中，解释了"为什么文化间沟通总是应该在语境中进行"的问题。人类无法避免评估各种情境、语境、关系、人群和文化，关键是应持有相互尊重和开明的态度，而不是鄙夷和偏见。只要承认人类各种互动方式都是有意义的，以及他们行动或相互行动的逻辑是多元化的，文化间交流就变得更加可敬。价值理解是良善和合理的，因为这种多样性和多元性总是使社会充满活力，乃至比以往任何时候都更能促进现代生活的创造性和互动性。

"民心相通"的话语资源，在我们熟悉的大量"非遗"项目中都能观察到。例如，近年来列入《非遗公约》名录的烤馕制作和分享文化、蒙古包制作技艺、皮影戏、剪纸艺术等，到处都留下了文化彼此影响的痕迹，到处都体现着人类极为出色的学习能力和再创造能力。就以"沟通民心"而言，从口头传统（如《玛纳斯》《格萨（斯）尔》《江格尔》《兰嘎西贺》等史诗）到表演艺术（木卡姆、阿依特斯、呼麦、多声部民歌），从传统节日（端午、春节、中秋、清明、泼水节）到人生仪礼（成年礼、婚礼），从有关自然和宇宙的知识和实践（珠算、二十四节气、中医针灸、太极拳、少林功夫）到传统手工艺（宣纸、龙泉青瓷、坎儿井、多民族的乐器），这些传统文化表现形式不论进入公约名录与否，大多跨界共享，通过民间互动、交流对话而水到渠成。润物无声的文化互鉴，往往比官方设计并推行的规划更为有效和持久。

中国是世界上文化多样性和生物多样性较为丰富的国家，拥有56个民族，说着130多种语言，语言系属复杂。各民族操持着不同的经济生活方式，拥有不同的文化传统，创造了令人叹为观止的地方性知识体系。这些知识和文化，既是顺应环境的结果，也是指引人们更好生存和发展的智慧。

习近平主席引用司马迁总结先秦、秦汉历史有关"夫作事者必于东南，收功实者常于西北"的说法，指出，"一带一路"建设，对民族地区特别是边疆地区是个大利好。要深入实施西部大开发战略，加快边疆开放开发步伐，拓展支撑国家发展的新空间。这一"新空间"既包括了边疆民族地区的文化多样性优势，又包括了承载多样性文化因素的各民族人民在实现"以人为本"的发展中发挥的对外"人心相通"的优势。从这个意义上说，中国民族政策中尊重差异、缩小差距的基本理念，与"一带一路"大棋局倡导的人文精神和互利共赢理念，是完全相通的。

五、既讲好"中国故事"，也讲好"人类故事"

2017年5月，习近平主席倡导要弘扬"和平合作、开放包容、互学互鉴、互利共赢"的"丝路精神"，为丝绸之路注入新的时代内涵。

作为"增进民心相通"平行主题会议上的首位发言人，联合国教科文组织总干事博科娃也回顾道："在几千年里，丝绸之路的传奇故事讲述着遇见——民众间、文化间、宗教间、知识间的遇见。丝绸之路讲述了相互理解驱动下的人类进步的故事，提醒我们没有一种文化能够孤立封闭地发展繁荣。"她指出，文化遗产保护与"民心相通"关系密切，发掘其中的话语资源可以为共建"一带一路"提供基于历史文化记忆、人文思想脉络和多重身份认同的智力支持，丰富"文明交流互鉴"的学理阐释。

以"共商、共建、共享"的理念为当前的全球治理提供中国方案，已经体现在国家层面的庄严表述中——利益共同体、责任共同体和命运共同体，成为中国向世界发出的诚挚吁请。冲破地域或区域障碍，沟通世界、促进人类和平，"一带一路"倡议当能发挥积极作用。文化遗产保护的中国实践能为促进世界文化多样性和维护人类永久和平提供何种对话资源，则是我们今天应当思考的重要话题。

"民心相通"是"一带一路"建设的社会根基。有学者认为，"一带一路"不仅是一个经济事件，更是一个文化事件，是中国文明崛起的标志。一些学者已经从尊重文化差异和促进文化间对话的视角关注"一带一路"区域合作问题及其发展走向。只有营造文化间对话的和谐氛围，让文化遗产成为交流、合作和相互理解的话语资源,既讲好"中国故事",也讲好"人类故事",我们才能在地方、国家、双边或多边、区域或次区域层面,改进我们与世界各国文化间对话及和平文化建设的环境、能力和方式。

(原载于《中国民族报》2018年2月9日)

从招财猫传统到借势宠物消费

我们身处 21 世纪,这是一个高科技、数字技术、人工智能等飞速发展的时代,智能移动终端的普及极大地改变着人们的生活方式,也改变着社会组织管理方式。因此,有人会问,传统文化已经越来越成为远离我们日常生活的"遗产",真的有必要在今天保护、弘扬和发展它们吗?

回答自然是肯定的。传统文化是人民大众在千百年历史进程中经过长期实践发展出来的成果,是他们智慧的结晶。他们不仅在历史上发挥了重要作用,而且在今天还有很大的学术、文化、艺术、情感等价值。

比如,在传统文化的思想体系中,包含大量有积极意义的成分,对于我们科学地认识和解释自然与人类自身仍有进步意义;传统的文学艺术创造中具有永恒魅力的仍不在少数,它们在今天依然是重要的美育资源;传统的生产生活方式、工艺技术、社会组织方式、民俗传统等，是形成我们的历史认同感的重要基础。

习近平总书记在党的十九大报告中提出要"推动中华优秀传统文化创造性转化、创新性发展"，这为我国文化建设事业的发展，特别是"非遗"的传承和传播指明了方向——推动中华优秀传统文化创造性转化、创新性发展，在笔者看来，至少要考虑以下几个层面的问题：

中华传统文化，是中华民族在历史上创造和传承的一切文化的总和。中华优秀传统文化，则是指整个中华传统文化中有利于推动社会发展和进步的文化，这些文化往往也是长期发挥正能量的文化。我们都知道，在历史上形成并长期存在的文化，并不都是优秀文化。有些文化在创造之初或许具有进步意义，但随后逐渐演变为代表腐朽没落势力的文化，失去了进步意义；还有的文化，历史上曾经是人们日常生活的有机组成部分，只是由于无法适应新的社会历史环境和条件，逐渐淡出了人们的生活；更有一些文化，以今天的价值观看，从创造之初起，就是以压制人性、反人道为导向的，它们也不属于我们所说的优秀传统文化的范畴。

今天，当我们说中华优秀传统文化时，指的是中国各个民族所创造和传承的优秀文化。从范围上说，包括精神文化、物质文化和制度文化等；从民族属性上说，包括汉族和各少数民族的文化；从阶层属性上说，包括精英文化和草根文化；从传播形态上说，包括书面文化和口传文化等。

"创造性转化"和"创新性发展"，是对优秀传统文化的继承和发展问题的又一次升华，而且特别提到"创造性"和"创新性"这两个特性，强调"转化"和"发展"这两个归旨。

既然历史上形成的优秀传统文化具有如此多方面的价值，为什么还要对它们进行创造性转化和创新性发展呢？笔者认为：一则，文化从来不是一成不变的，而是伴随着历史的进程，随时发生着或快或慢的、时显时隐的各种变化；有时候是文化的内在特质发生变化，有时候是外在表现方式发生变化，还有的时候是人们对特定文化的阐释和解读发生了变化。总之，变化是文化的恒常存在方式，一成不变的文化反倒是不存在的。二则，文化是人们活动的产物，当然会随着社会生活的变化而变化。但文化也会反过来作用于人，规范和引导人们按照特定文化的范式而生活。三则，文化是人们有意无意创造和传承的。人们并不总是做文化的奴隶，很多时候还会做文化的主人。人们不仅经常被动地接受特定文化，也往往会主动地改造文化。历史上众多的改革乃至革命，都是试图推翻旧事物建立新事物的努力。四则，文化的转化和发展，在许多情况下是自发完成的。一个文化被赋予了新的内容、新的属性，就是一种转化。今天，人民大众作为文化的持有人和实践者，被新时代的条件赋予了新的历史使命，那就是积极能动地推动文化的变革和创新，创造更大的发展空间，更多的发展机会，让文化事业在新时代获得更大的发展，以满足人民群众日益增长的对精神文化产品的需求。

推动中华优秀传统文化的创造性转化和创新性发展，不只是一个号召，不只是停留在纸上、存活在人们观念中的尚不可及的愿景，而是在火热生活实践中随时随处发生的充满活力的时代大潮。科学技术的飞速进步，带来了无数新的契机和新的可能。例如知识生产、传播和应用的景观已经发生巨大的变化；大数据、海量存储、便捷搜索等，带来新的学术维度和新的学术生长点。各领域之间亘古未见的广泛合作和交互影响的时代已然来临。

以笔者比较熟悉的非物质文化遗产工作而论，其历史轨辙、现实遭际、地方知识、美学品格、传承规律、实践方式、社会功能、文化意义等，都在通过迥异于传统的方式和平台，以难以想象的速度和广度传播和接受。声音、文字、影像、超文本链接、云技术等，即便没有取代传统非遗的存在方式和传播方式，也已经成为非遗传承和传播的新业态、新走向。能够大为便捷地接触到非遗，就为人们的学习和欣赏、继承和发展、改编和创新提供了极大的便利。这方面，转化和发展的成功事例很多。在艺术领域，可以举出改编自传统故事大获成功的影视作品；在商业转化领域，可以看到传统习俗信仰与当代生活的对接，如招财猫的传统就借势宠物消费潮流形成商业热点，如传统刺绣工艺大踏步进入高端时尚设计等，都是随处可见的事例。非物质文化遗产的创造性转化和创新性发展，能够让人们在享受舒适、便捷、健康的当代产品和服务时,不会失去历史连续感,不会失去文化基质的承传、文化养分的汲取,并建立坚定的文化自信心与自豪感。

(原载于《中国艺术报》2018年4月27日)